# Корякские сказки

## 코랴크인 이야기

<지식을만드는지식 소설선집>은
인류의 유산으로 남을 만한 작품만을 선정합니다.
오랜 시간 그 작품을 연구한 전문가가
정확한 번역, 전문적인 해설, 풍부한 작가 소개, 친절한 주석을
제공하는 고급 소설 선집입니다.

지식을만드는지식 소설선집

시베리아 설화집

# Корякские сказки

## 코랴크인 이야기

작사 미상

엄순천 옮김

대한민국, 서울, 지식을만드는지식, 2018

## 편집자 일러두기

· 이 책은 <Корякская народная сказка>(http://stihiskazki.ru/skazki/koryakskie-narodnye-skazki/skazka1000.shtml), ≪Сказки и мифы народов Чукотки и Камчатки≫(Наука, 1974), <Сказки земли Камчатки>(http://kamchatkaland.ru/note/skazki-kamchatki)를 원전으로 삼아 옮긴이가 가려 뽑아 번역했습니다.

· 이 책의 주석은 옮긴이가 직접 작성한 것입니다.

· 외래어 표기는 현행 한글어문규정의 외래어표기법을 따랐습니다.

# 차 례

## 까마귀 이야기

## 곰과 여러 동물 이야기



## 악령 이야기

## 용감하고 지혜로운 코랴크인 이야기

# 까마귀 이야기

# 비를 멈추게 한 쿠이킨냐쿠

오래전의 일이다. 오랫동안 비가 멈추지 않자 쿠이킨냐쿠가 아들들에게 말했다.

"아들들아! 순록을 잡아 오너라!"

아들들이 순록을 잡는 동안 쿠이킨냐쿠는 큰 배를 만들었다. 쿠이킨냐쿠는 그 배에 아들들이 잡아 온 순록을 실은 다음 이 땅의 동물들을 다 불러 모았다. 그중에는 쥐도 있었다. 쿠이킨냐쿠는 쥐에게 썰매를 끌게 하고 그 썰매에 배를 묶은 뒤 바다로 출발했다. 독이 든 광대버섯도 싣고 갔다. 바다에 도착했지만 비는 여전히 그칠 줄 몰랐다.

다음 날 오랫동안 바다 위를 떠다니다 섬을 발견해 배를 몰아갔다. 여인들이 해변에 앉아 머리를 빗고 있었다.

"아하! 그래서 비가 그치지 않았군."

"영감님! 안녕하세요! 드디어 오셨군요."

"그렇소. 내가 왔소."

"계속 가던 길로 가실 겁니까? 아니면 여기에서 잠시 머무를 겁니까?"

"오늘 밤은 여기서 자고 내일 다시 길을 떠나야 할 것 같소."

여인들은 여전히 머리를 빗었고 쿠이킨냐쿠는 여인에게 광대버섯을 권했다. 광대버섯을 먹은 여인들은 곧 버섯의 독에 취해 쓰러졌다. 그러자 쿠이킨냐쿠가 여인들의 머리를 빡빡 밀고 옷을 완전히 벗긴 뒤 말했다.

"어디 두고 봐! 가만두지 않겠어!"

여인들은 추워서 몸을 덜덜 떨었다. 여인들은 곧 얼어 죽을 것 같았다. 하지만 버섯의 독에 취해서 정신을 차릴 수가 없었다. 그 와중에도 머리를 빗으려고 손을 머리 쪽으로 뻗었다. 하지만 쿠이킨냐쿠가 이미 여인들의 머리카락뿐 아니라 눈썹과 속눈썹까지 다 밀어 버렸기 때문에 헛손질만 바삐 하고 있었다. 쿠이킨냐쿠가 쥐에게 말했다.

"우리 마을에 비가 그쳤는지 가서 보고 오너라."

바다를 건너 마을을 둘러보고 온 쥐가 말했다.

"완전히 개었습니다."

쿠이킨냐쿠는 여인들을 그대로 팽개치고 집으로 갔다.

"아이, 추워! 얼어 죽을 것 같아요. 옷을 주세요."

쿠이킨냐쿠는 못 들은 척 태연무심하게 그냥 집으로 돌아갔다.

# 쿠이킨냐쿠의 여행

어느 날 쿠이킨냐쿠가 해변에 갔다가 아키바를 보았다.

"아키바야! 너 여기서 뭐 하고 있니?"

"졸려서 자려고."

"재미있는 이야기를 들려주고 싶은데…. 들어 볼래?"

"별로! 듣고 싶지 않아! 그냥 자고 싶어!"

그러자 쿠이킨냐쿠가 노래를 불러 주었다.

"아키바! 나를 데려다줘. 비계가 많은 곳으로! 바다의 여인에게로!"

아키바가 쿠이킨냐쿠를 등에 태워 고래들이 사는 곳으로 데려다주었다.

"안녕하세요! 어쩐 일로 오셨나요?"

"말을 하자면…. 비계가 먹고 싶어요."

"이리 들어오세요."

"그럼 실례를 무릅쓰고 들어가겠습니다. 저, 죄송한데 바다표범 앞발을 주실 수 있나요?"

"물론이죠. 이게 바다표범 앞발이에요."

"고마워요. 실컷 먹었어요. 그런데 꼭 뭐가 목에 걸린 것 같아요. 물을 마시고 싶은데…. 마실 것 좀 주세요."

"직접 찾아 드세요. 저기 나무통에 물이 있어요."

"그런데 컵은 없어요? 세상에 나 원 참! 컵도 없이 살다니!"

물통에 머리를 들이밀고 물을 마시던 쿠이킨냐쿠는 갑자기 머리가 기우뚱하면서 몸이 균형 감각을 잃는 바람에 물통에 빠지고 말았다. 아래쪽으로 끝도 없이 내려가는가 싶었는데 어느 순간 땅이 보였다. 해마 마을이었다. 쿠이킨냐쿠는 입구에 앉아 노래를 부르기 시작했다.

"오! 오! 먼 나라 여인들이 깊은 산 계곡에서 물을 길어 오네!"

어느 집에서 소리를 질렀다.

"이봐요! 그렇게 밖에서 시끄럽게 하지 말고 이리 들어오시오."

"그래, 들어왔소! 이제 어쩔 거요? 손님을 주먹으로 때릴 작정이오!"

쿠이킨냐쿠는 괜히 제 발이 저려 먼저 으름장을 놓았지만 주인은 쿠이킨냐쿠의 시비는 들은 척도 않고 음식을 푸짐하게 대접했다. 쿠이킨냐쿠는 오래간만에 정말 원도 없이 실컷 먹었다.

"주인장! 물 좀 주시오."

"직접 퍼서 마시시오."

이곳 사람들도 컵을 사용할 줄 몰랐다. 쿠이킨냐쿠는 이번에도 물통에 직접 머리를 넣고 물을 마시려다 머리가 기우뚱하더니 몸이 균형 감각을 잃고 그대로 물통으로 곤두박질쳤다. 아래쪽으로 한없이 날아가다 드디어 바다표범 마을에 떨어졌다. 어느 집 굴뚝 옆에 앉아 노래를 불렀다.

"오! 오! 먼 나라 여인들이 산 계곡에서 물을 길어 오네!"

그 순간 안에서 소리를 쳤다.

"손님이 오셨군요. 이리 들어오세요."

"감사합니다. 그런데 물 좀 주세요. 물을 오랫동안 마시지 않았더니 너무 힘듭니다. 죽을 것 같아요."

"직접 가서 마시세요. 여기에 컵이 있어요."

쿠이킨냐쿠에게 뿔로 만든 컵을 주었다. 덕분에 물을 실컷 마셨다.

"에구머니! 덕분에 물을 실컷 마셨습니다. 이제 겨우 살아났습니다. 이제는 집에 가야겠어요. 길을 좀 안내해 주세요. 그 보답으로 제 딸을 드리리다."

"좋아요."

바다표범이 쿠이킨냐쿠를 집까지 안내해 주었다. 쿠이킨냐쿠의 집에 도착한 둘은 음식을 푸짐하게 만들어 요기를 했다. 사실 먼 길을 걸어온 터라 이만저만 시장한 게 아니었다. 쿠이킨냐쿠가 약속대로 딸 티니아나부트를 바다표범에게 주었다. 바다표범과 쿠이킨냐쿠의 딸은 함께 길을 나섰는데 도중에 고래 마을을 지나게 되었다.

"안녕하세요. 어디에서 오는 길입니까?"

"쿠이킨냐쿠에게서 옵니다."

"그렇군요. 쓸데없이 쿠이킨냐쿠에게는 왜 갔다 오나요? 그가 당신에게 뭘 주긴 하던가요?"

고래들은 한쪽 입을 실기죽거리며 바다표범을 비웃었다. 바다표범이 고래들에게 일침을 가했다.

"우리는 당신들처럼 그렇게 다른 이를 비웃거나 조롱하지 않소."

그 말과 함께 티니아나부트를 보여 주자 고래들이 물었다.

"이 아가씨는 누구요?"

"제 아내요. 쿠이킨냐쿠의 딸이지요. 함께 집으로 돌아가는 거요."

"부럽군요! 정말 예쁘네요!"

고래 마을 사람들과 작별을 하고 집으로 향했다.

"엄마! 저희가 왔어요. 빨리 불을 피우고 며느리를 맞이하세요!"

불을 피웠고 사람들이 여기저기에서 모여들었다. 약혼녀를 보면서 모두 한 마디씩 했다.

"어머나! 세상에! 어쩜 저렇게 예쁠 수가 있지!"

다 함께 한바탕 축제를 벌였다.

## 쿠이킨냐쿠와 늑대의 신경전

쿠이킨냐쿠는 스키를 타러 산으로 향했다. 산에 올라갈 때는 스키를 직접 끌고 갔다. 산 정상에서 스키를 타고 바다까지 질주한 뒤 바다를 건너갔다가 다시 돌아왔다. 한바탕 신나게 놀고 있는데 사촌 형 늑대가 왔다.

"안녕! 뭐 해? 스키 타는 거야? 나도 한번 타 보자."

"스키 신는 법도 모르잖아! 스키를 부러뜨리면 어떻게 할 건데?"

"그럴 리가 있겠어. 딱 한 번만 타 볼게."

결국 쿠이킨냐쿠의 허락을 받아 낸 늑대가 스키를 타기 시작했다. 세 번 탄 뒤 늑대가 말했다.

"이제는 실컷 탔어. 집에 갈래. 고마웠어."

쿠이킨냐쿠도 집으로 돌아갔다. 몇 시간 뒤 늑대가 쿠이킨냐쿠에게 마실을 가려고 집을 나섰다. 한참을 가다 보니 길에 쿠이킨냐쿠의 다리가 뒹굴고 있었다.

"어머나 세상에! 동생아! 어쩌다 이렇게 되었니? 불쌍하고 가엾구나!"

말은 말일 뿐! 다리를 먹어 치웠다. 조금 더 갔더니 이번에는 팔이 굴러다녀 먹어 치웠고 다음에는 머리가 있어 먹어 치웠고 다음에는 몸통이 있어 먹어 치웠다. 늑대가 부른 배를 두드리며 가던 길을 재촉하는데 느닷없이 쿠이킨냐쿠가 늑대의 배 속에서 기침을 했다.

"이봐! 우리 지금 어디로 가는 거야?"

"너희 집에."

"이게 뭐니?"

"신장."

"그럼 이건 뭐야?"

"폐."

"아하! 그럼 이건 또 뭐지?"

"간."

"천막집하고 비슷하게 생긴 이건 뭐지?"

"아아! 안 돼! 그건 건드리지 마! 심장이야!"

"알았어."

조금 지나 쿠이킨냐쿠가 또 물었다.

"이봐! 우리 어디로 가는 거야?"

"너희 집에. 거의 다 왔어."

"어디쯤 왔어?"

"너희 집 지붕인데 문을 찾고 있어."

그 순간 쿠이킨냐쿠가 늑대의 심장을 손톱으로 할퀴자 늑대가 죽었다. 쿠이킨냐쿠가 소리쳤다.

"미티! 빨리 나와! 늑대 배를 갈라!"

미티가 칼을 가지고 나와 늑대 배를 가르자 쿠이킨냐쿠가 밖으로 튀어나왔다.

"어휴, 살았다! 미티! 늑대를 집 안으로 끌고 가."

집 안으로 끌고 가서 머리를 잘랐다. 그 시각 늑대의 막냇동생 타야트히트가 형의 집에서 형을 기다리고 있었다.

"에이, 뭐야! 놀러 왔는데 형은 보이지도 않고…. 도대체 큰형은 어디로 간 거야? 너무 안 오는데…. 이상해…. 찾아봐야겠어."

찾으러 다니다 형의 발자국을 발견했다.

"저기다! 쿠이킨냐쿠의 집에 갔군."

타야트히트는 쿠이킨냐쿠의 집으로 갔다.

"안녕! 동생이 왔네. 들어와."

타야트히트는 집 안으로 들어갔다.

"미티, 타야트히트에게 바다표범 머리 고기를 대접해."

미티가 둥근 그릇에 바다표범 머리를 담아서 내놓았다.

"타야트히트! 여기 있어. 먹어 봐."

그 순간 타야트히트는 이게 바다표범의 머리가 아니라 이빨 빠진 큰형의 머리인 것을 단번에 알아차렸다.

"먹기 싫어요. 저리 치우세요. 바다표범 고기는 집에서도 지겹게 먹거든요."

"이봐, 미티! 다른 걸 대접해! 바다표범 머리의 다른 부위를 줘 봐."

미티는 긴 그릇에 다른 부위를 내어놓았다.

"이봐, 타야트히트! 이거 한번 먹어 봐."

타야트히트는 이것도 큰형인 것을 알아차리고는 그릇을 뛰어넘어 밖으로 나갔다.

"가서 친구들을 불러와야겠어. 모두 데리고 와서 형의 복수를 해야겠어!"

타야트히트는 곰, 순록, 산양, 사슴 등 여러 동물들을 다 불러 모았는데 여우도 왔다.

"자, 됐지! 이제 쿠이킨냐쿠에게 가자!"

쿠이킨냐쿠의 집에 도착했다.

"이봐! 쿠이킨냐쿠! 이리 나와 봐. 우리가 왔어."

"알았어. 조금만 기다려. 그러지 말고 이리 들어와서 열매 좀 먹어 봐."

타야트히트가 말했다.

"곰아! 어떻게 할까?"

"일단 들어가서 열매부터 먹자!"

동물들이 우르르 집 안으로 들어갔다. 마침 쿠이킨냐쿠는 생선 아가미와 꼬리를 꼬챙이에 꽂아 불에 굽고 있었다. 쿠이킨냐쿠가 말했다.

"미안하지만 잠시 밖에 나가서 기다려. 여기는 연기가 많이 나서 숨을 쉬기가 힘들어."

모두 밖으로 나갔고 집 안에는 쿠이킨냐쿠만 남았다. 동물들은 쿠이킨냐쿠가 먹을 걸 주기만 애타게 기다렸다. 쿠이킨냐쿠가 집 안에서 돌로 무언가 부수는 소리가 들리자 곰이 쿠이킨냐쿠에게 물었다.

"뭘 두드리는 거죠?"

"도토리가 든 자루."

"도토리를 먹겠군요."

돌 두드리는 소리가 끊이지 않았다.

"그런데 이게 무슨 소리죠?"

"딸기 자루를 두드리고 있어."

딸기라는 말에 곰은 기쁨에 겨워 덩실덩실 춤을 추었다.

"아하! 드디어 딸기도 먹는구나!"

안에서 쿠이킨냐쿠가 소리를 쳤다.

"굴뚝 문의 통나무가 부러지는 바람에 도토리 자루가 찢어졌어. 통나무를 치우고 담요로 굴뚝 문을 막아야 돼. 안 그러면 너무 위험해. 거긴 너무 어수선하니까 모두 이리 들어와서 잠시 기다려."

동물들이 모두 집 안으로 들어갔다. 쿠이킨냐쿠는 밖으로 나가 굴뚝 문의 통나무를 치우고 담요로 꼼꼼하게 덮었다. 집은 이제 숨 쉴 구멍이 전혀 없었다. 쿠이킨냐쿠는 모든 작업을 끝낸 뒤 미티에게 소리쳤다.

"미티! 생선 아가미와 꼬리에 불을 붙여 연기를 피워."

미티가 연기를 피우자 움집에 있던 모든 동물들이 숨을 쉬지 못하면서 그 자리에서 질식해 버렸다. 미티는 연기가 피어나는 순간 그곳을 빠져나왔다. 다행히 운이 좋은 여우와 타야트히트는 구사일생으로 빠져나왔다. 죽음의 문턱까지 갔다 온 여우는 나오자마자 뒤도 안 돌아보고 툰드라로 달아났다. 타야트히트는 다시 동물들을 부르러 갔다. 이번에는 바다로 갔다. 고래, 해마, 바다표범, 물고기 등 바다 동물들을 다 불러 모았다.

"자, 모두 쿠이킨냐쿠에게 가자!"

바다 동물이 엄청 많아지면서 땅이 바다처럼 보였다.

"이봐! 이리 나와 봐. 우리가 왔어."

미티가 바다 동물을 보면서 말했다.

"이게 무슨 일이야! 상황이 안 좋아! 쿠이킨냐쿠! 바다인지 땅인지 구별이 안 돼!"

"미티! 빨리 서둘러! 오리나무 껍질을 이리 줘."

오리나무 껍질을 받아 든 쿠이킨냐쿠는 오리나무 껍질에서 안료를 짜내 바다 동물들에게 흘려보냈다. 모든 바다 동물이 안료에 질식해 죽었고 타야트히트만 살아남았다. 타야트히트는 다시 동물들을 부르러 갔다. 이번에는 툰드라의 벌레들을 불러 모았다. 벌레들이 오무작오무작 기어 나왔다. 아침에 쿠이킨냐쿠의 가족들이 눈을 떠 보니 땅이 새까맣게 벌레로 뒤덮여 있었다.

"미티! 서둘러! 순록 가죽을 둘러 놓은 스키를 이리 줘!"

쿠이킨냐쿠가 스키를 타고 몇 번 집 주위를 돌아다녔더니 벌레가 다 죽고 다시 타야트히트만 살아남았다. 쿠이킨냐쿠가 늑대에게 소리쳤다.

"더 이상 오지 마! 또 오면 죽여 버릴 거야!"

집으로 돌아간 타야트히트는 늑대 가죽을 벗어 밖에 걸어 두었다. 늑대 가죽은 겨울 내내 밖에 걸려 있었다. 겨울이 지나갈 무렵 타야트히트는 가죽을 입고 쿠이킨냐쿠를 찾아갔다.

"이봐! 잘 지냈지! 겨울 내내 늑대 가죽을 밖에 걸어 놓았더니 눈이 많이 쌓여서 엉망인데 어디에서 털면 좋을까?"

"굴뚝에 올라가서 털어 봐."

타야트히트는 눈을 털면서 '좋았어, 눈으로 덮어서 모두 죽여 버리겠어'라고 생각했다. 눈을 털고 나서 안을 들여다보니 아무 일 없다는 듯이 모두 활기찼고 바닥에만 살짝 눈이 덮여 있었다.

"에이, 또 실패했군!"

타야트히트는 집으로 가자 쿠이킨냐쿠는 자신의 까마귀 옷을 가져와 밖에 걸어 두었다. 밤새 걸어 둔 뒤 다음 날 까마귀 옷을 걸쳐 입고 늑대의 집으로 갔다.

"이봐! 잘 지냈지! 내 까마귀 가죽에 쌓인 눈을 어디에서 털면 좋을까?"

"굴뚝에 가서 털어."

좋았어! 한 번만 털었는데도 집 안이 눈으로 꽉 차면서 안에 있던 늑대들이 모두 죽었다. 쿠이킨냐쿠는 룰루랄라 노래를 부르면서 집으로 돌아갔다.

## 쿠이킨냐쿠와 여우

어느 날 여우 차추차나부트가 말했다.

"애들아! 뭐 좀 먹어야겠지? 바다에 가서 먹을 걸 찾아보고 올게."

바다에 가서 노래를 불렀다.

"아이들이 아직 아무것도 못 먹었다네…."

운 좋게 물고기를 발견했다. 얼른 물고기를 잡아 통에 집어넣었다. 누군가의 노랫소리를 들은 쿠이킨냐쿠는 소리가 나는 곳으로 갔다.

"뭐 좀 찾았어?"

"물고기가 있네. 아이들을 먹이려고. 아직 아무것도 못 먹었거든."

"그렇군. 네가 잡은 걸 보여 줘."

"저기 통에 있어."

쿠이킨냐쿠는 한 번 더 생각할 필요도 못 느꼈다. 물고기를 꺼내 모래사장에 숨겨 넣고 통에는 나무토막을 집어넣었다. 차추차나부트는 통을 등에 짊어지면서 말했다.

"어휴! 정말 대단히 큰 물고기로군! 엄청 무거운데!"

집으로 돌아온 차추차나부트를 아이들이 반갑게 맞아 주

었다.

"와! 엄마가 물고기를 잡아 왔네! 물고기 대가리는 누구에게 주실까?"

"막내에게 주어야지. 막내야! 오늘 물고기 대가리는 네가 먹도록 해라."

"감사합니다! 엄마! 빨리 먹어요!"

"물고기를 꺼내라. 통 안에 있단다."

아이들이 통을 열면서 말했다.

"아무것도 없어요!"

"그럴 리가! 내가 분명히 물고기를 잡아서 넣어 뒀는데!"

"아니야, 아무것도 없어요! 직접 와서 보세요!"

차추차나부트는 몸을 부르르 떨면서 심하게 화를 냈다.

"저리 비켜! 도대체 통 안에 넣어 둔 것도 못 찾다니! 그게 말이 되니!"

통에 뛰어간 차추차나부트는 텅 빈 통을 보고 대경실색했다.

"이런 못된 쿠이킨냐쿠 같으니! 아주 영악하고 못돼 처먹었어!"

다음 날 차추차나부트는 사냥을 하러 산으로 갔다. 가는 도중 순록 두 마리를 보았는데 서로 싸우는 바람에 심하게 상처를 입고 기진맥진한 상태였다. 여우는 땅에 구덩이를 파서 순록을 묻은 뒤 노래를 불렀다.

"아이들이 아직 아무것도 못 먹었다네…."

그리고 활기차게 집으로 돌아왔다.

"얘들아! 이제 다른 곳으로 유목지를 옮기자. 엄마가 순록 두 마리를 잡았어."

순록이 있는 곳에 가서 돌로 집을 짓고 있는데 근처에서 놀던 아이 여우들이 쿠이킨냐쿠를 발견했다.

"어머! 쿠이킨냐쿠가 여기로 오고 있어."

차추차나부트가 말했다.

"빨리 집으로 들어가."

집에 들어가서 문을 닫았다. 집 근처에 온 쿠이킨냐쿠가 말했다.

"내게 순록 머리 고기 한 조각만 줘. 부탁이야!"

"저리로 꺼져! 혹시 네 아내가 오면 조금 생각해 볼게! 하지만 너에게는 콩 한 쪽도 줄 수 없어."

속이 없는 쿠이킨냐쿠는 정말로 아내에게 가서 말했다.

"이봐! 차추차나부트에게 가자! 네가 오면 순록 고기를 주겠대."

쿠이킨냐쿠가 아내를 데리고 갔더니 차추차나부트가 제법 반가운 체를 했다.

"왔어, 빨리 들어와!"

쿠이킨냐쿠가 말했다.

"제발 내게 골수 한 조각만 줘!"

차추차나부트가 힘줄로 만든 실에 꿰어 놓은 골수 한 조각을 밀어 주자 쿠이킨냐쿠는 숨도 안 쉬고 꿀꺽 삼켰다. 차추차나부트가 골수 한 조각을 또 밀어 주니 이번에도 허겁지겁 먹어 치웠다. 차추차나부트는 골수 한 조각을 또 쿠이킨냐쿠에게 밀어 주었다. 이번에 쿠이킨냐쿠는 냉큼 삼키는 척했지만 사실은 살짝 물고 있는 상태에서 실을 자기 쪽으로 확 잡아당겼다. 그 바람에 반대편에 있던 골수가 쿠이킨냐쿠에게 우르르 밀려오면서 쿠이킨냐쿠는 골수를 통째로 먹게 되었다. 그래도 차추차나부트의 가족은 아직 한껏 들떠 있었다. 미티는 기름진 순록 몸통을 조금씩 허리춤에 숨긴 다음 여우들이 눈치채지 못하게 살짝 밖으로 던졌다.

잠시 후 차추차나부트는 밖으로 나가 옆집의 통나무 문에 순록 기름을 잘 문질러 놓은 다음 골수를 자를 때 쓰는 숫돌과 망치에도 기름을 문질러 놓았다. 차추차나부트가 옆집에 간 것을 눈치챈 쿠이킨냐쿠가 말했다.

"옆집에 갔다 올게."

옆집에 간 쿠이킨냐쿠는 여우가 기름칠을 해 놓은 문을 뜯어 먹고 숫돌과 망치를 삼킨 뒤 바닷가로 갔다가 늑대를 만났다.

"이봐! 잘 지내지? 어디에서 오는 길이야?"

"집에서 오는 길이지."

"이봐! 배 속에 있는 것을 토해 내 보자!"

"네가 먼저 해!"

"그럼 자리를 깔아 봐!"

쿠이킨냐쿠가 자리를 깔자 늑대는 배 속에 든 음식과 골수를 뱉으면서 말했다.

"이제는 네가 해 봐!"

쿠이킨냐쿠가 숫돌, 골수 절단용 망치, 통나무 문 조각을 토해 내자 아연실색한 늑대는 뒤도 돌아보지 않고 툰드라로 달아났다. 쿠이킨냐쿠는 늑대가 뱉어 놓은 것을 챙겨 집으로 가지고 갔다.

"미티! 여기 골수를 가지고 왔어!"

"어디서 났어요?"

"순록을 죽였어. 나머지는 툰드라에 남겨 두었어."

"그래요? 그럼 빨리 가서 가지고 옵시다!"

아주 바삐 서둘렀다. 미티는 순록 가죽으로 만든 잠옷을 챙겼고 아이들도 각자 힘닿는 대로 무언가를 챙겼다. 치치센은 숫돌을, 리라는 골수 절단용 망치를, 우알라는 난로를 어깨에 둘러메고 길을 떠났다. 곧 우알라가 소리쳤다.

"아악! 너무 뜨거워! 죽을 것 같아!"

쿠이킨냐쿠가 말했다.

"이제 거의 다 왔어! 조금만 참아! 이제 거의 다 왔어!"

도착해서 보니 순록은 없고 월귤나무만 자라고 있었다. 미티가 물었다.

"순록은 어디에 있나요?"

"조금만 더 가면 돼. 저기에 있다! 저기 언덕 옆에 있어!"

그곳으로 갔는데 이번에도 월귤나무만 무성했다. 미티가 또 물었다.

"도대체 순록이 어디에 있다는 거예요?"

"저기에 있어. 이제 곧 도착할 거야!"

쿠이킨냐쿠가 말한 곳으로 갔는데 역시나 아무것도 없었다. 쿠이킨냐쿠가 탄성을 질렀다.

"야호! 이제 달리기 내기를 하자! 누가 먼저 집에 가는지 내기하자! 내가 제일 먼저 도착할걸!"

집으로 돌아가서 미티가 말했다.

"쓸데없이 우리를 괴롭히는군요. 아이들에게 그렇게 무거운 짐을 지고 달리게 만들다니! 아이들이 얼마나 피곤하겠어요. 다 쓸데없고 부질없어요."

## 바다표범 기름을 찾아 헤매는 쿠이킨냐쿠

어느 날 쿠이킨냐쿠가 아내에게 말했다.

"열매를 따러 가시오. 나는 바다표범 기름을 구하러 해변 마을에 가겠소."

해변 마을에 도착했다.

"안녕하세요, 쿠이킨냐쿠! 어쩐 일이세요?"

"바다표범 기름 좀 주세요."

쿠이킨냐쿠에게 바다표범 기름이 가득 든 통을 주었다. 통을 들고 집으로 가던 쿠이킨냐쿠는 중간에 죽은 여우를 발견해 얼른 통 위에 얹었다.

"운이 좋군. 미티에게 주면 좋아할 거야. 여우 털로 웃옷의 가장자리를 덧대라고 해야겠어."

여우 차추차나부트는 쿠이킨냐쿠가 눈치채지 못하게 몰래 통에 구멍을 뚫었다. 기름이 바닥에 떨어지면서 꽝꽝 얼어붙었다. 차추차나부트는 살그머니 통에서 내려 언 기름을 모두 주워 집으로 달려갔다. 쿠이킨냐쿠가 집에 돌아오자 미티가 물었다.

"바다표범 기름은 어디에 있어요?"

"저기 밖에 있는 통 안에 있소!"

"통에는 아무것도 없어요. 대신 통에 구멍이 뚫려 있어요."

"어이쿠! 여우 차추차나부트가 통에 구멍을 내어 훔쳐 갔군! 이런 못된 여우 같으니라고!"

쿠이킨냐쿠가 통을 탈탈 털어 봤지만 아무것도 나오지 않았다. 통은 텅 비어 있었다. 쿠이킨냐쿠는 다시 바다표범 기름을 구하러 해변 마을에 갔다.

"바다표범 기름 좀 주세요."

"조금 전에 한 통 주었잖아."

"여우 차추차나부트가 몽땅 훔쳐 갔어요."

쿠이킨냐쿠에게 기름을 가득 채운 통을 또 주었다. 이 시각 여우 차추차나부트가 아이들에게 말했다.

"빨리 내 머리카락 반을 몽땅 자르고 오른쪽 눈의 눈썹과 속눈썹도 잘라 다오!"

아이들은 영문도 모른 채 엄마가 시키는 대로 했다. 차추차나부트는 쿠이킨냐쿠를 만나러 달려갔다.

"기름 좀 줘! 한 방울만이라도! 옛날 우리는 친척이었잖아!"

마음이 약해진 쿠이킨냐쿠는 기름을 주었고 여우는 집으로 돌아왔다.

"이제 빨리 내게 콧수염과 턱수염을 붙여. 다시 쿠이킨냐쿠를 만나러 가야겠어."

수염을 붙이고 달려가 쿠이킨냐쿠를 만났다.

"안녕하시오! 그런데 누구세요?"

"나는 네 사촌 형이야. 기름을 조금만 다오."

쿠이킨냐쿠는 거절하지 못하고 기어이 차추차나부트에게 기름을 주었다. 기름을 받아 든 차추차나부트는 집으로 달려갔다.

"애들아! 빨리 서둘러! 내 몸의 털을 한 올도 남기지 말고 모두 깎아! 다시 쿠이킨냐쿠에게 가야 돼."

여우는 온몸의 털을 홀딱 깎고 쿠이킨냐쿠에게 갔다.

"안녕하세요! 그런데 누구세요?"

"네 사촌 형이야. 정말 누군지 모르겠어?"

"어디 가세요?"

"그냥 이리저리 돌아다니고 있어. 통에 든 게 뭐야? 기름이야? 그럼 나 좀 줘."

통에 남아 있던 마지막 기름을 탈탈 털어 몽땅 주었다. 쿠이킨냐쿠가 집에 오자 미티가 물었다.

"기름은 어디에 있어요?"

"없어. 당신이 나였어도 어쩔 수 없었을 거야. 친척들이 모두 털어 갔어."

"정말 변변치 못하군요!"

쿠이킨냐쿠는 다시 해변 마을에 가서 기름을 청하기로 했다.

"안녕! 어쩐 일이야?"

"기름을 좀 얻어 갈까 해서요."

"너는 기름을 진짜 많이 먹는구나! 도대체 얼마나 먹어 치우는 거야!"

"아니에요. 제 말 좀 들어 보세요. 가는 도중 친척들을 만났는데 기름을 달라고 해서 모두 줬어요. 이번에는 입에 담아 가지고 가야겠어요."

기름을 입에 넣고 집으로 출발했다. 도중에 친구 키리블랴쿠를 만났는데 어찌나 웃기는지 입에 기름이 든 걸 까맣게 잊고 큰 소리로 웃고 말았다. 그 바람에 입에 든 기름이 떨어졌다. 집에 갔더니 미티가 물었다.

"기름은 어디 있어요? 결국 이번에도 못 가져왔군요? 당신은 전혀 쓸모가 없어요!"

"당신 같으면 어떻게 했을 것 같아? 오다가 친구 키리블랴쿠를 만났는데 너무 웃기는 바람에 참을 수가 없었어. 웃는 바람에 입에 넣었던 기름이 쏟아졌지 뭐야."

다시 해변 마을에 가서 기름을 달라고 했다.

"안녕! 쿠이킨냐쿠! 어쩐 일이야?"

"기름 좀 주세요."

다시 기름을 입에 넣고 집으로 가다 또 키리블랴쿠를 만났다. 웃음을 참으려 애를 썼지만 결국 웃음을 터트리면서 기름을 떨어뜨렸다. 빈손으로 집으로 가자 미티가 물었다.

"기름은 어디에 있어요?"

"내 얘기 좀 들어 봐. 또 친구 키리블랴쿠를 만났지 뭐야. 웃음을 참아 보려 했지만 결국 참지 못했어."

이제는 기름을 구하러 해변 마을에 가는 것도 너무 염치가 없어 쿠이킨냐쿠는 직접 기름을 만들기로 했다. 얼음 구멍 옆에 말린 생선을 미끼로 던져 놓을 생각이었다. 누군가 말린 생선에 달려들 것이 아닌가! 그럼 그 동물을 죽여 기름을 마련하리라! 여우 차추차나부트가 아이들과 함께 얼음 구멍으로 갔는데 말린 생선이 있었다. 이게 웬 떡이냐! 여우 아이들은 앞뒤 생각할 겨를도 없이 허겁지겁 말린 생선에 달려들었는데 생선이 얼마나 꽁꽁 얼었는지 먹을 수가 없었다. 말린 생선을 녹이기 위해 거기에 오줌을 누었다. 어찌 되었겠는가! 여우 아이들은 그 자리에서 얼어 버렸고 차추차나부트의 꼬리도 얼어붙었다. 쿠이킨냐쿠가 그곳에 오자 차추차나부트가 소리쳤다.

"빨리 일어나!"

세상에 이걸 어쩌나! 도저히 일어날 수가 없었다. 일어나려고 할수록 머리가 빙글빙글 돌면서 세상이 왔다 갔다 하는 것 같았다. 가까이에 온 쿠이킨냐쿠가 새끼 여우들을 몽둥이로 때리자 차추차나부트가 중얼거렸다.

"그래 좋아! 그래! 한 놈이라도 죽이기만 해 봐! 너를 가만히 두지 않을 거야! 너를 죽이고 말거야! 으하하하! 정말 즐겁군!"

차추차나부트는 분노로 온몸을 부르르 떨더니 결국 눈이 튀어나왔다. 차추차나부트는 온 힘을 다해 얼음에서 빠져나와 도망을 쳤는데 얼음에 붙은 꼬리는 떨어지지 않아서 꼬리 없이 달려가고 있었다.

## 곰을 잡은 쿠이킨냐쿠

어느 날 민쿠신이 사냥을 하러 툰드라로 갔다. 파리로 변신해 순록에게 다가간 민쿠신은 칼을 꺼내 순록을 죽인 뒤 어깨에 둘러메고 집으로 가지고 왔다. 엄마가 물었다.

"이걸 누가 주었니?"

"제가 직접 잡았어요."

민쿠신은 다시 툰드라로 갔다. 큰 나무에 기어 올라가 주위를 둘러보니 곰이 절벽을 타고 걸어오고 있었다. 곰에게 다가갔다.

"안녕, 민쿠신!"

"으흠!"

"민쿠신! 뭐 하고 있어?"

"나무 베고 있어."

"왜?"

"그냥!"

"에이, 네가 무슨 나무를 벤다고 그래. 도토리 줍고 있었던 거 아니야?"

"맞았어. 내가 얼마나 도토리를 많이 주워 날랐는지 이미 집 두 채가 도토리로 가득 찼어."

"내가 너희 집에서 같이 살아도 될까?"

"글쎄…. 엄마가 싫어할걸."

"나를 너희 집에 데려가지 않으면 너를 잡아먹겠어."

"알았어! 그렇다면 할 수 없지. 우리 집에 가서 같이 사는 수밖에…."

곰과 같이 집으로 갔다.

"잘 갔다 왔니? 그런데 뭐야? 곰이잖아!"

"안녕하세요! 제가 왔어요!"

곰은 순식간에 찻주전자 두 개 분량의 차를 마셨고 말린 생선 두 줄을 먹어 치웠다.

"이제 식량이 얼마쯤 남아 있니? 보아하니 얼마 남지 않은 것 같은데…. 내가 잠깐 사이 너희 집에 있는 식량의 절반은 먹어 치운 것 같군. 식량이 다 떨어지면 네 엄마와 너를 잡아먹을 수밖에 없어."

민쿠신은 툰드라로 가서 울기 시작했다. 쿠이킨냐쿠가 이 소리를 듣고 달려왔다.

"민쿠신아! 잘 지냈니? 무슨 일이 있니?"

"어휴, 엄청 안 좋은 일이 있어요! 곰이 저희 집 식량이 다 떨어지면 엄마와 저를 잡아먹겠대요."

"민쿠신아! 괜찮다. 눈물을 거둬라. 내일 내가 창을 가지고 너희 집으로 가서 곰을 잡아 주마."

다음 날 쿠이킨냐쿠가 왔을 때 곰은 실컷 먹은 뒤 늘어지게 자고 있었다. 민쿠신은 쿠이킨냐쿠를 반갑게 맞아 주었다.

"쿠이킨냐쿠! 안녕하세요! 약속대로 와 주었군요."

"그럼, 와야지. 안 그러면 너희 엄마와 네가 죽게 생겼는데."

쿠이킨냐쿠는 사방을 둘러보았다.

"저쪽 구석에서 옷이 살랑거리는데 왜 그런 거지? 그 아래에 누가 있는 것 같은데…."

"곰이에요. 저는 밖에 나가서 먹을 걸 찾아보겠어요."

엄마가 말했다.

"민쿠신아, 나도 같이 가자."

민쿠신 모자가 나갔고 쿠이킨냐쿠는 창을 들고 곰에게 돌진해 일격에 곰을 죽였다. 자다가 당한 일이라 곰은 자신의 운명이 어찌 되었는지 알지 못했다.

"아이쿠! 세상에! 이게 얼마 만에 맛보는 곰 고기냐! 10년 묵은 체증이 쑤욱 내려가는 것 같군."

민쿠신과 엄마가 돌아오니 쿠이킨냐쿠가 말했다.

"자, 이 정도면 너와 엄마가 두고두고 먹을 수 있을 게다."

"감사합니다! 아저씨도 곰 고기를 가지고 가세요."

쿠이킨냐쿠는 어깨에 곰 다리를 짊어지고 집으로 갔다.

“미티! 곰 다리 가져왔소! 오랜만에 배 터지게 곰 고기를 먹어 봅시다.”

## 까마귀 대장 쿳킨냐쿠와 까치 딸 미티

까마귀들의 대장 쿳킨냐쿠와 까치의 딸 미티가 있었다. 둘은 결혼을 한 뒤 신혼집으로 향했다. 가는 도중 주변 경치가 눈에 띄게 수려한 곳이 있었다. 쿳킨냐쿠가 말했다.

"미티! 여기에서 하룻밤을 보냅시다."

다음 날 동이 텄다. 쿳킨냐쿠가 생각했다.

'참으로 살기 좋은 곳이군.'

미티에게 말했다.

"여기에 집을 지읍시다. 주위 풍경이 참으로 아름답소."

"당신 부모님이 계시는 집이 있는데 우리가 왜 여기서 산단 말입니까?"

"지금 내게 부모님이 무슨 상관이오? 부모님은 내게 더 이상 의미가 없소. 이제는 독립적으로 살아야 하오."

아주 튼튼한 집을 지었다. 미티가 첫아이를 낳자 아맘쿠트라는 이름을 지어 주었다. 아맘쿠트는 무척 힘이 셌다. 얼마 뒤 둘째 아이가 태어나자 키기기시냐쿠라는 이름을 지어 주었다. 이 아이는 누구도 말릴 수 없을 정도로 개구쟁이였지만 힘은 무척 셌다. 셋째 아이가 태어나자 티니에네부트라는 이름을 지어 주었다. 참으로 아름다운 딸이었다. 넷째 아이가 태어나자 코트가누라는 이름을 지어 주었다.

어느 날 아이들은 모닥불에서 아주 요란한 소리를 들었다. 딸 티니에네부트가 아버지 쿳킨냐쿠에게 말했다.

“아버지! 모닥불에서 왜 저렇게 요란한 소리가 나는 거죠?”

“얘들아! 아닌 게 아니라 모닥불에서 요란한 소리가 나는구나. 이것은 누군가 우리를 공격하려고 한다는 징조란다. 어두워지고 달이 떠오르면 이곳을 떠나서 주위를 살펴보고 오너라.”

어둠이 깔렸다. 쿳킨냐쿠의 세 아들은 밖으로 나와 길을 떠났다. 첫째 아맘쿠트가 맨 앞에, 둘째 키기기시냐쿠가 가운데, 넷째 코트가누가 마지막에 서서 길을 떠났다. 어느 마을에 도착하니 여러 사람들이 모여서 회의를 하고 있었다. 이 마을은 전체가 아주 거대한 천막집이었는데 다름 아닌 악령 닌비트족의 본거지였다. 세 아들은 귀 기울여 그들의 이야기를 듣기 시작했다. 닌비트족의 대장은 깁쿠쿠였고 부대장은 나이크바트였다. 깁쿠쿠가 말했다.

“달이 떠오르면 쿳킨냐쿠를 공격해 최대한 많은 사람을 죽입시다.”

그때 다른 사람이 말했다.

“작게 말하세요. 그렇게 큰 소리로 말하다 누가 들으면 어떡해요? 아맘쿠트와 키기기시냐쿠가 우리보다 훨씬 더 힘이 셀지도 모르잖아요."

깁쿠쿠가 말했다.

"우리는 그들보다 수가 적기 때문에 그들과 직접 힘을 겨루는 것은 위험하다. 쿳킨냐쿠와 세 아들을 합하면 모두 넷이다."

이 말을 들은 세 아들은 즉시 집으로 가서 아버지에게 말했다.

"옆 마을에는 닌비트족이 살고 있었어요. 우리를 공격하려 해요. 달이 뜨면 여기로 와서 우리를 죽일 거래요."

"누가 그들의 대장이더냐?"

아맘쿠트가 대답했다.

"깁쿠쿠가 대장이고 나이크바트가 부대장이에요."

"그들은 절대로 우리를 죽일 수 없다. 아주 옛날부터 그 자들은 내 장난감에 불과했다."

정말로 달이 뜨자 닌비트족이 쿳킨냐쿠의 가족을 공격해 왔다. 키기기시냐쿠는 전투를 준비하면서 형제들에게 말했다.

"잠깐 기다려 봐! 모두 그냥 집에 있어! 내가 저자들과 한 번 겨뤄 볼게!"

키기기시냐쿠는 철 토시를 입고 한 치의 머뭇거림도 없

이 적들을 향해 돌진했다. 창도, 활도 없었다. 적들이 에워싸기 시작했다. 얼마나 많은 적들을 죽였을까? 집에 돌아왔을 때 키기기시냐쿠의 철 토시가 완전히 피에 절어 있었다. 쿳킨냐쿠가 말했다.

"어제 내가 한 말 기억나느냐? 이자들은 아주 옛날부터 내 장난감이었다고. 나는 항상 철 토시로 저자들을 죽였다. 어떤 식으로 공격해도, 심지어 불에 태우려 해도 승리는 항상 내 편이었다."

## 까마귀 무사 소홀릴란

태양과 까마귀 무사의 명성은 추콧카 전역에 널리 퍼져 있었다. 누구도 그들과 대결하려 하지 않을 만큼 강했다. 모두 그들에게 고개를 숙였고 도움을 청했다. 태양은 하늘을 돌아다녔고 까마귀는 땅을 돌아다녔다. 누가 더 힘이 세고 현명한지는 말하기 어렵다. 태양은 까마귀보다 높은 곳에 있었다. 까마귀는 어둠이 되었다. 언제부터인지 태양이 점점 아래쪽으로 내려오면서 땅은 눈으로 덮였고 눈보라가 불어왔으며 까마귀는 땅으로 내려왔다. 까마귀는 모닥불을 피우고 바다표범 고기를 잡아먹었다. 까마귀는 북극의 밤을 무척 싫어하기 때문에 겨울에 까마귀가 집에서 나오는 일은 아주 드물었다.

그렇게 천년의 세월이 흘러갔다. 그러던 어느 날, 태양은 바람에게서 얼음의 딸이 무척 아름답다는 이야기를 들었다. 모두 곁눈으로라도 얼음의 딸을 보고 싶어 얼음 나라로 향했다고 했다. 하지만 그들 중 아무도 살아 돌아오지 못했다고 했다. 그 사실을 알면서도 무수히 많은 무사들이 혹시 모를 자신의 행복을 찾아 떠났고 다시는 고향으로 돌아오지 못하는 운명을 맞이했다고 했다. 태양이 생각했다.

'나는 세상에서 가장 강해! 불을 피워 얼음을 녹이고 눈 평원을 꽃이 핀 들판으로 바꿀 수 있잖아. 그런데 내가 얼음에게 맞설 수 있을까? 두려워할 필요 없어. 나는 누구보다 강하잖아. 그런데 얼음에게 가려면 얼음을 타고 가야 한다는 사실이 영 마음에 걸려. 하늘로 갈 수 있으면 얼마나 좋을까…. 얼음을 타고 가면 나도 추울 텐데…. 어떻게 하지….'

태양은 옷을 겹겹이 껴입었다. 안에 입은 옷은 안쪽에, 겉옷은 바깥에 모피를 댄 뒤 까마귀에게서 빌려 온 순록을 타고 길을 떠났다. 태양은 가고 또 갔다…. 길에는 순록과 개 뼈들이 뒹굴고 있었다. 조금 더 가니 이번에는 사람의 뼈가 뒹굴고 있었다. 처음에는 태양의 코가, 곧이어 뺨이 얼어붙었다. 하지만 태양은 가던 길을 멈출 수 없었다.

땅이 쩍쩍 소리를 내며 갈라질 만큼 엄청나게 추워졌다. 얼음이 사는 곳은 아주 흉악한 추위와 어둠의 제국이다. 태양이 탄 순록은 처음에는 하늘이 아닌 눈을 따라 달렸지만 얼마 후에는 얼음 위를 달려가고 있었다. 이는 순록들이 이미 북빙양을 달리고 있다는 의미였다. 태양의 팔다리가 얼어붙었다. 달리던 순록도 얼어붙으면서 땅에 고꾸라졌다. 태양은 도저히 견딜 수가 없었다. 태양은 입고 있던 옷을 찢어 날개를 만들어 하늘로 올라간 뒤 집으로 돌아갔다.

태양이 툰드라의 하늘 위를 떠다니자 사방이 밝아졌고

따뜻해졌다. 이웃의 까마귀 무사가 동생과 함께 장작을 가지러 갔다. 태양을 발견한 동생이 형에게 물었다.

"둥글게 생긴 저게 뭐야? 얼굴에 눈도 없고 코도 없어."

"태양이야. 힘이 매우 세지. 항상 하늘을 날아다녀. 태양에게는 욕을 해도 싸움을 걸어도 안 돼. 태양은 우리를 따뜻하게 해 주거든."

동생은 깔깔대고 웃으면서 태양에게 말했다.

"코가 없는 태양이네. 우하하하! 나는 코 없는 무사는 태어나서 처음 봐. 코를 어디에서 잃어버렸어요?"

"웃지 마! 너희를 따뜻하게 해 주는 내가 얼어 버리면 너희에게 무슨 일이 생기는지 알기나 해? 너희도 내가 갔다 온 곳에 간다면…."

"어디에 갔다 왔는데요?"

무사는 청혼을 하러 갔지만 끝까지 가지 못했다는 이야기와 자신이 보지 못한 엄청난 미인에 대한 이야기를 들려주었다.

"그건 동화 속 이야기 아니에요? 이 미인에 대한 이야기를 들은 적은 있지만 꾸며 낸 이야기라고 생각했어요. 가는 길을 가르쳐 주세요. 직접 가서 보고 올게요."

"북풍이 부는 곳으로 가 봐. 다른 길은 없어. 세상에서 제일 강하다고 자처하는 수많은 무사들이 미인을 찾아갔지만 가는 도중에 얼어 죽었어. 유감스럽게도 하늘에는 그곳으로 가는 길이 없어. 얼음은 딸을 집 안에 숨겨 놓았다고 하더군. 어쨌든 얼음을 타고 가야 하는데…. 계속 갔다면 나는 열기를 잃어버리면서 다른 사람들처럼 얼어 죽었을 거야."

까마귀는 채찍으로 순록을 몰면서 집으로 가는 내내 생각했다.

'나는 높은 곳으로 올라갈 수도 있고, 바다 깊은 곳에 들어갈 수도 있고, 땅 위의 언덕을 날아다닐 수도 있잖아. 땅인 엄마가 항상 나에게 힘을 주잖아. 내가 얼음의 딸을 뺏어올 수는 없을까?! 그렇게만 된다면 얼마나 좋을까! 내 행복을 찾고 싶어!'

집에 간 까마귀가 아버지에게 물었다.

"말해 주세요. 어떻게 하면 북풍이 부는 곳으로 갈 수 있나요?"

"대체 누가 네게 그곳 이야기를 했느냐? 거기에는 아무것도 없다. 얼음과 눈뿐이란 말이다. 그곳에는 하늘과 땅이 모두 얼어붙어 있고 차가운 별들은 북광에 둘러싸여 있단다. 그곳의 공기는 여기와는 천양지차란다. 일단 부숴서 입에 넣어 녹인 다음 숨을 쉬어야 할 정도로 차갑고 진득진득해."

"그곳에 얼음이 살고 있는데 딸이 무척 미인이래요. 많은 사람들이 직접 보고 싶어 했지만 아직 누구도 본 적이 없대요. 아버지! 이에 대해 알고 있으면 모두 말해 주세요. 말해 줄 때까지 자지 않을 거예요. 저는 그 아가씨를 만나기 전에는 마음의 안정을 찾을 수가 없을 거예요."

아버지는 오랫동안 생각에 잠겨 있었다.

'까마귀는 땅의 아들이니까 땅이라고도 할 수 있겠지. 그런데 얼음의 딸이 저 아이의 아내가 될 수 있을까? 하지만 까마귀가 얼음의 딸에게 가기로 마음먹었다면…. 분명 뜻을 굽히지 않을 텐데….'

아버지가 말했다.

"좋다! 이게 지어낸 이야기가 아니란 사실을 네가 이미 알고 있다면 모든 것을 솔직하게 말해 주마. 하지만 이 길이 무척 힘들다는 점은 명심해야 한다. 네 할아버지도 북쪽으로 가는 도중 돌아가셨다. 유명하고 뛰어난 무사들도 그곳에 자신의 뼈를 묻었다. 그들의 부모들은 오랫동안 눈물을 흘렸지만 단 한 명도 되돌아오지 못했다. 죽은 이들 가운데 얼음의 딸을 본 사람은 아무도 없다. 그렇게 길고 험난한 길을 가려면 특별한 옷이 필요하다. 평상시 우리가 입는 옷으로는 어림도 없다. 이 옷들은 공기가 죽처럼 진해지는 그런 극한의 추위에서는 몸을 따뜻하게 해 주지 못한다. 네 친아버지 타카유산에게 가 보아라. 바다 바닥에 살고 있다. 그는 네가 아주 어릴 때 너를 내게 보냈다. 바다에서는 너를 키울 수가 없기 때문이었다. 그가 네게 누구냐고 물으면 소홀릴란이라고 말해라. 너를 도와줄 것이다. 아들의 부탁을 거절하지는 않을 것이다."

까마귀는 동물 가죽으로 만든 배를 타고 바다 한가운데로 가서 바닷속으로 뛰어들었다. 까마귀는 바다 밑바닥까지 내려가 타카유산의 집을 두드렸다. 노크 소리를 들은 타카유산은 너무 놀랐다. 대체 이 바다 밑바닥까지 누가 자신을 찾아왔단 말인가! 딸을 내보냈다.

"누군지 물어봐라. 우리에게 손님이 온 건 이미 아득한 옛날의 일이다."

딸이 나갔다.

"누구세요?"

"소홀릴란입니다."

"아버지, 소홀릴란이래요. 누구예요? 그런데 코가 길고 피부는 땅처럼 거무튀튀해요."

"빨리 들여보내라. 내 아들이다. 그 아이는 물에서는 살 수가 없단다. 그래서 내가 그 아이를 땅으로 보냈단다. 뭔가 도움이 필요해서 찾아왔을 게다."

소홀릴란이 집 안으로 들어갔다.

"아들아! 네가 왔구나! 어쩐 일이니? 내 도움이 필요하니?

한번 들어 보자. 말해 보거라."

"아버지! 저를 도와주세요. 제 말을 들으신 뒤 좋은 방법을 말씀해 주세요. 제게 아주 엄청나게 어려운 일이 생겼는데 어떻게 해야 할지 모르겠어요."

아버지 타카유산은 생각에 잠겼다. 타카유산은 두꺼운 ≪베다≫ 성전을 하루도 빠짐없이 읽었으며 신들과도 교류할 정도로 무척 지혜로웠다. 밤마다 저수지 기슭에 앉아 별을 보면서 우주의 새로운 소식들을 알아냈다.

"너는 얼음의 딸을 아내로 삼고 싶어 하는구나…! 먹이를 줄 필요도 없고 쉬지 않고도 달릴 수 있는 철 순록들을 네게 주마. 보통 사람들은 이 순록들을 다루는 방법을 모르기 때문에 가져갈 엄두를 못 낼 것이다. 그러니 이 순록들은 아무 곳에나 두어도 된다. 네게 바다표범 가죽도 주마. 북소리가 들리면 그걸 입도록 해라. 얼음을 만나면 너는 바다표범이며 얼음의 조카라고 해라…. 집 안에 들어가면 무시무시한 눈보라가 몰아칠 것이다. 전혀 신경 쓰지 말거라. 또 얼음의 딸에 대해서는 한 마디도 꺼내지 마라. 얼음은 딸에게 청혼을 하러 오는 청년들을 아주 싫어한다. 또 잔꾀를 부릴 경우 절대 그를 이길 수는 없다. 집 벽을 보면 얼음 북이 걸려 있을 것이다. 아가씨의 오빠들이 밤마다 그걸 북채로 두드리는데 참으로 아름답고 신비한 소리가 날 것이다. 발아래에 있는 얼음 조각을 주워 몇 번 아주 가볍게 두드리면 북이 쪼개질 것이다. 북 안에 얼음의 딸이 숨겨져 있단다."

"아버지! 가겠어요!"

"잠깐 기다려라. 내 얘기가 아직 안 끝났다. 이번에는 아가씨를 아내로 데려오면 안 된다. 썰매에 앉혀서도 안 된다. 일단 혼자 집으로 돌아오너라. 돌아오면 다시 조언을 해 주마. 먼저 지금 내가 말한 것부터 이행해라. 자, 가거라! 얼음의 딸을 아내로 맞이하려면 극한의 인내가 필요하다. 그리고 얼어 죽을 것 같다는 느낌이 들어도 두려워하지 마라. 살아날 구멍이 있느니라. 네가 가지고 갈 바다표범 가죽은 마법의 가죽이다. 그걸 입으면 절대 얼어 죽을 일은 없단다. 그 안에는 자체 발열 기능을 가진 돌이 들어가 있단다. 그 돌들이 너를 따뜻하게 보호해 줄 것이다."

까마귀는 밤낮 없이 달렸다. 툰드라를 지날 때 무수히 많은 뼈를 보았다. 북쪽이 가까워지면서 까마귀 무사가 느낀 공포는 상상 이상이었다. 땅이 갈라지고 바람이 매섭게 불었으며 눈이 모든 발자국을 지워 버렸다. 까마귀의 코, 뺨, 손가락, 발가락이 얼어붙었다. 도로 돌아가려고 몇 번이나 마음을 먹었지만 너무 부끄러웠다. 까마귀는 쉬지 않고 달렸다. 드디어 그의 인내심이 한계에 이르렀다. 그 순간 북소리를 들었다. 까마귀는 아버지 타카유산이 준 바다표범 가죽을 입었다. 따뜻해졌다. 추위도 바람도 더 이상 두렵지 않았다. 온몸에 온기가 느껴졌다. 하지만 긴 코는…. 고드름처럼 얼어 버렸다. 까마귀는 어찌할 수가 없어 얼어붙은 코를 깨뜨렸다. 그 바람에 아직까지 코랴크인은 코가 짧다. 얼음이 아내에게 말했다.

"부인! 밖을 보시오. 누가 오고 있소. 지금까지는 내가 숨만 쉬어도 모두 벌렁 나자빠지면서 다 죽었잖소! 그런데 누가 오고 있소! 어떻게 이런 일이! 대체 저자는 어떻게 나, 얼음을 두려워하지 않는단 말이오? 저자의 순록은 어떻게 이런 극심한 추위에도 아랑곳 않고 여기까지 달려왔을까요? 순록들의 심장이 철로 만들어진 것 같지 않소? 저자는 추위도 공포도 느끼지 않는 거 같지 않소?"

이 광경을 본 어린 아들이 말했다.

"바다표범이에요! 바다표범이 오고 있어요!"

바다표범 가죽 때문에 까마귀를 바다표범으로 착각한 것이다. 얼음의 집에 도착한 까마귀는 순록을 밖에 세워 두고 안으로 들어갔다. 그곳은 공기가 죽처럼 느껴졌다. 일단 공기를 깨물어 입에 넣고 따뜻하게 한 뒤에야 숨을 쉴 수 있었다. 그 정도로 무섭게 추웠다.

"안녕! 지구가 태어날 때부터 내 땅인 이곳에 너는 무슨 일로 왔느냐?"

"저는 집에 가만히 앉아 있는 걸 싫어합니다. 저는 이곳저곳을 돌아다니는 걸 좋아하는데 문득 북쪽 지방이 궁금해졌습니다. 그래서 이곳까지 오게 되었습니다."

"그런데 왜 왔느냐?"

"제 엄마 눈보라는 당신의 여동생입니다. 지금 툰드라에 살고 있지요. 당신이 살아 있는지, 살아 있다면 무엇을 하고 있는지, 겨울 내내 어디에 있는지, 북쪽에는 여름에 해가 지지 않는다는데 그때는 어디에 있는지 알아보고 오라고 저를 보냈습니다. 하지만 엄마는 당신을 초대하지는 않았습니다. 툰드라에는 사람들이 많아 자칫 당신 때문에 사람들이 얼어 죽을까 봐 두렵다고 했습니다. 그냥 편하게 말을 해 주십시오. 어떻게 지내십니까? 당신을 찾아오는 그 많은 사람과 순록들을 어째서 모두 얼려 죽이는 겁니까?"

"좋다! 앉아라! 내 조카가 이렇듯 나를 찾아 주니 참으로 기쁘구나. 내 여동생이 궁금한 것이 많구나. 그 아이도 이제는 이미 많이 늙었겠지. 일단 식사를 한 뒤 이야기를 나누자."

불 옆에 앉아 해마 고기를 먹었다. 불은 얼음으로 만들어졌는데 불에서는 차가운 북광이 다채로운 불꽃을 피우고 있었다. 신기했다. 까마귀는 계속 이곳저곳 둘러보았다. 정말로 벽에는 얼음 북이 걸려 있었다. 타카유산의 말이 모두 맞았다. 저녁에 얼음의 아들들이 북채로 북을 두드리면서 춤을 추기 시작했다. 잠시 후 까마귀에게 북을 주었다. 까마귀는 아버지 타카유산의 말대로 얼음 조각으로 북을 찢으려 했다. 하지만 북은 찢어지지 않았고 대신 북에서 눈부시게 아름다운 아가씨가 나오더니 까마귀의 가슴에 안겼다. 까마귀는 감정을 주체할 수 없을 것 같아 아가씨를 쳐다보지 않았다. 그만큼 아가씨는 신비하고 아름다웠다. 까마귀가 생각했다.

'무수한 청년들이 이 아가씨를 위해 목숨을 걸 만하구나!'

하지만 아무것도 보지 못한 것처럼 태연무심하게 앉아서 북 찢는 일에 열중했다. 기진맥진한 까마귀는 아가씨를 바라보다 넋을 잃게 되는 것이 두려워 간절히 신에게 기도하기 시작했다. 막내아들이 아버지에게 말했다.

"아버지! 보세요! 웬 아가씨가 북에서 튀어나와 바다표범의 가슴에 안겼어요!"

"조용히 해라! 조용히 해! 네가 꿈을 꾸고 있는 거야."

얼음은 바다표범이 딸을 보지 못했다고 생각했다. 까마귀는 졸린 척하면서 북을 아들들에게 주었다. 얼음은 아들들이 잠든 사이 아가씨를 집 가운데로 데리고 가 숨겨 놓았다. 아침에, 정말 너무나 이른 아침에, 모두가 아직 자고 있을 때, 까마귀는 집 가운데 숨겨진 아가씨에게로 갔다. 까마귀가 얼음 커튼을 열자 아가씨가 말했다.

“당신이 소홀릴란인가요?”

“그렇소!”

“당신을 기다렸어요. 저는 당신이 올 거라고 굳게 믿고 있었어요. 저는 아버지 때문에 햇빛도 볼 수 없어요. 살아도 사는 게 아니에요. 당신과 도망가고 싶어요. 아주 먼 남쪽으로 도망가요. 여기에서 멀어지고 태양의 힘이 세질수록 아버지는 힘이 빠진답니다. 그렇게 되면 우리를 쫓아오지도 못해요. 그러나 아버지에게 잡히면 둘 다 얼음으로 변할 거예요.”

소홀릴란이 생각했다.

‘아! 얼음은 참으로 강하군! 얼음이 남쪽에서 힘을 쓸 수 없다는 사실을 태양이 알았다면 오래전에 이 아가씨를 낚아채 갔을 텐데.’

아가씨에게 말했다.

“내일 나는 집으로 갈 것이오. 당신이 좋다면 다음에 다시 당신을 데리러 오겠소. 지금 나는 우리가 남쪽으로 도망갈 수 있는 방도를 모르오. 이에 대해 집에 가서 아버지에게 물어보고 다시 돌아오겠소. 먼 길을 오가는 동안 내 순록들이 지치지 않아야 하는데…. 되도록 빨리 돌아오리다. 그런데 떠나기 전에 사냥을 다녀오겠소.”

"빨리 갔다 오세요."

일단 소홀릴란은 바다표범 가죽을 입고 철 순록을 타고 사냥을 나갔다. 야생 순록을 산더미같이 가져와 얼음에게 주었다.

"저는 내일 아침 집에 갔다가 다시 오겠어요. 이제는 길을 아니까 쉽게 올 수 있을 거예요."

얼음이 생각했다.

'저 아이를 어떻게 해야 하지? 저 아이가 다시 돌아온다면! 어떤 마법의 힘이 저 아이를 도와주고 있는 것 같군. 저 아이를 막는 것은 불가능해.'

"좋다! 다녀오너라."

까마귀는 바다 밑에 있는 아버지를 찾아갔다.

타카유산이 딸에게 말했다.

"빨리 나가서 문을 열어 주어라. 내 아들이 와서 문을 두드리고 있구나. 무척 힘들었을 것이야. 하지만 저 아이는 힘든 것을 모두 이겨 내고 내가 말한 대로 해냈어. 진짜 무사 중의 무사야!"

까마귀가 아버지의 집으로 들어갔다.

"아들아! 무사히 왔구나! 그동안의 일을 빨리 말해 보아라. 내 조언이 도움이 되었느냐?"

"아버지! 그 아가씨가 저와 결혼하고 싶대요. 아가씨는 저와 함께 도망가고 싶대요. 영원한 얼음의 성 한가운데서 너무 쓸쓸하대요. 그곳은 반년 동안이나 밤이 계속돼요. 아가씨의 운명이 너무 잔인하고 가혹해요!"

"그래, 이번에는 고래, 바다표범, 해마, 바다사자를 데리고 가서 일제히 얼음의 집을 향해 달려가게 해라. 얼음이 너를 물리칠 방법을 생각할 틈을 주지 말고 아주 빨리 얼음을 공격해야 한다. 동물들에게 순식간에 얼음의 집을 덮칠 수 있을 정도로 강한 파도를 일으키라고 해라."

얼음은 방에 앉아 달콤한 얼음을 깨 먹으면서 젊은 바다표범이 다시 돌아오면 어떻게 죽일 것인지 머리를 굴리고 있었다. 그때 아들이 뛰어 들어오면서 소리쳤다.

"아버지! 보세요! 어마어마한 물이 우리 집으로 밀려와요!"

밖을 내다본 얼음은 경악했다.

"모두 제일 높은 언덕으로 올라가라! 거기에 가면 목숨을 구할 수 있다."

모두 도망을 갔다. 그러다 북 속에 있는 딸을 잊어버렸다. 어마어마한 물 뒤에는 까마귀 무사가 있었다. 까마귀는 물가로 뛰어 내려와 집 안으로 달려갔다. 일단 벽에 걸린, 아가씨가 들어 있는 북을 집어 들고 얼음에게 소리쳤다.

"이보시오! 내가 왔소! 다시 오겠다고 약속하지 않았소?

약속을 지켰소."

까마귀를 발견한 얼음은 이만저만 놀란 게 아니었다. 얼음은 까마귀가 다시 온 이유를 눈치채고 아내에게 물었다.

"딸은 어디에 있소?"

"집에 두고 왔어요."

얼음과 가족들이 모두 집으로 돌아왔고 물은 다시 빠져나갔으며 바다 동물들은 물가에 앉아 있었다. 소홀릴란이 말했다.

"저는 바다표범이 아닙니다. 저는 까마귀 무사 소홀릴란입니다. 어머니가 땅입니다. 알다시피 내가 당신의 딸을 강제로 데려가는 것이 아닙니다. 그렇게 생각하시죠?"

얼음은 *끙끙* 신음 소리만 냈다. 아무것도 할 수 없었다. 딸을 내줄 수밖에! 소홀릴란을 보면서 말했다.

"언제든지 내 딸이 돌아오길 원하면 즉시 돌려보내게."

"좋소! 이 동물들은 모두 딸의 지참금으로 받아 두시오. 이 기회에 바닷고기는 신물 나게 먹게 될 것이오."

까마귀는 바다사자와 해마가 끄는 큰 배에 올라타고 얼음 북을 무릎 위에 올려놓은 뒤 집으로 갔다. 집에 간 까마귀는 서둘러 결혼식을 했다. 사람들이 까마귀의 아내를 보러 왔다. 까마귀의 아내를 본 사람들은 감히 말을 걸 엄두도 못 냈다. 그뿐 아니라 그 자리에서 다리가 땅에 붙어 버린 것처럼 움직이지도 못했다. 그만큼 까마귀의 아내는 눈부시게 아름다웠다. 태양 무사는 까마귀가 젊고 아름다운 얼음의 딸을 아내로 맞이했다는 소문을 듣고 까마귀를 찾아왔다.

"어떻게 된 일이야? 얼음에게 갔다 왔어? 왜 말을 하지 않은 거야?"

"갔다 왔지."

"딸을 봤어?"

"보기만 했겠어? 그녀와 결혼했어. 우리 집에서 나와 함께 살고 있어."

"보여 줘! 한 번이라도 보고 싶어. 그녀 때문에 내가 얼어 죽을 뻔했잖아!"

까마귀의 아내를 본 태양은 평정심을 잃었다.

"그녀를 내게 줘! 우리는 형제잖아. 우리 관습에 따르면 형의 아내가 아우의 아내고 아우의 아내가 형의 아내잖아. 네 아내를 내게 줘. 안 그러면 신이 화가 나서 네게 벌을 줄 거야."

"안 돼! 태양! 그녀는 내 아내야! 다른 걸 가져가. 너는 갔다가 코만 잃어버린 채 빈손으로 돌아왔잖아. 나도 코가 없어졌지만 나는 아내와 함께 왔어. 내가 죽은 뒤에나 그녀를 아내로 맞을 수 있을 거야. 내가 살아 있는 한 그녀는 내 아내야."

"그래? 좋아! 그럼 평생 암흑 속에서 살도록 해!"

태양은 분노로 펄펄 뛰면서 바다 뒤편으로 떠났다. 툰드라에 밤이 찾아왔다. 무척 추웠다. 여름에도 눈이 내렸다. 까마귀는 추위와 잠에 취해 계속 잠만 잤다. 잠에서 깨어났지만 여전히 밤이었다. 또다시 잠을 청했다. 이제는 더 이상 자고 싶지가 않았다. 하지만 주위는 여전히 어둠에 덮여 있었다. 하늘에는 별과 달만이 빛나고 있었다. 태양이 없으면 살 수가 없다고 생각한 툰드라의 주민들은 까마귀에게 가서 아내를 태양에게 주라고 졸랐다.

까마귀는 태양에게 마을에서 가장 못생긴 툐파를 보냈다. 태양은 툐파와 말도 섞지 않았다. 태양은 몸이 지푸라기보다 가늘고 금발의 머리를 빗지도 않는 툐파가 마음에 들지 않았다. 중요한 것은 툐파의 손이 과자를 구울 수 없을 정도로 가늘다는 것이었다. 하지만 툐파는 진심으로 태양의 아내가 되고 싶었다. 그래서 태양이 집 밖으로 쫓아내려 하자 소리를 고래고래 지르면서 손톱으로 할퀴었다. 그런들 무슨 뾰족한 수가 있겠는가? 툐파는 다시 돌아왔다.

얼마 뒤 툐파는 태양이 자신을 거부하는 데에는 까마귀의 책임이 크다며 까마귀에게 바락바락 소리를 지르면서 성을 냈다. 까마귀는 하는 수 없이 툐파를 두 번째 아내로 맞이했다. 까마귀는 이번에는 아름답고 풋풋한 여동생 아튜를 태양에게 보냈다. 아튜는 태양에게 가서 다시 툰드라로 돌아와 달라고 간절하게 부탁했다. 태양이 없으면 사람들이 살 수 없으며 머지않아 모두 죽게 될 것이라고 했다.

"싫소! 까마귀가 자신의 아내를 내게 준다면 툰드라로 돌아가겠소!"

"제가 정말로 그 여인보다 못합니까? 한번 잘 보세요. 제 눈은 푸른빛이에요. 제 금발 머리카락을 보세요. 당신은 남쪽에 사는 하늘빛 앵무새가 저를 찾아와 결혼해 달라고 애원했던 사실을 모르는군요. 앵무새는 무척 부자랍니다. 남쪽에 있는 모든 마을에 자신의 집이 있어요. 하지만 저는 남쪽으로 가기를 원하지 않았어요. 북쪽 제 고향에서 살고 싶었답니다. 고향의 차가운 해변에 굴러다니는 돌 하나까지도 저는 모두 알고 있어요. 돌들도 저를 알고 있답니다."

"좋다! 너와 결혼을 하겠다. 하지만 툰드라로는 돌아가지 않을 것이다. 까마귀가 나를 기분 나쁘게 했어. 까마귀는 태양 대신 아름다운 아내를 택한 것이나 다름없어."

"제가 만리타향 낯선 땅에서 행복할 것 같습니까? 툰드라로 돌아가서 당신과 하늘을 돌아다니고 싶어요. 당신과 함께라면 어떤 고난과 역경도 다 이겨 낼 수 있어요."

"알았소! 툰드라에 가서 같이 삽시다! 이제 됐소?"

이렇게 결정한 뒤 태양은 더 이상 까마귀에게 아내를 달라고 조르지 않았다. 그런데 까마귀의 아내는 이번 일을 겪으면서 까마귀에게 이만저만 실망한 게 아니었다. 아내가 보기에는 까마귀 남편이 태양에게 꼼짝도 못 하는 것 같았다. 아내는 까마귀에게 시도 때도 없이 누르락붉으락하며 버럭 화를 냈다. 까마귀는 어떻게 해야 할지를 몰라 적잖이 당황했다.

아내는 까마귀를 심하게 조롱하더니 아버지에게 가겠다고 했다. 자신의 아이들에게 태양도 선물하지 못하는 남편이 무슨 필요가 있냐고 윽박질렀다. 그 순간 태양이 나타나면서 툰드라가 따뜻하고 환해졌다. 그러나 태양 혼자가 아닌 까마귀의 여동생이자 땅의 딸인 아튜와 함께 하늘을 돌아다녔다. 이후 태양과 까마귀 무사는 친형제같이 되었고 더 이상 싸우지 않았다. 아직도 태양은 땅의 곳곳을 돌아다니고 있다.

까마귀 무사를 떠나려던 아내는 까마귀에 대한 미움이 봄눈 녹듯 일시에 사라졌고 까마귀와 함께 살면서 무척 많은 아이들을 낳았다. 그래서 이 땅에 코랴크인이 출현하게 되었다. 그들이 추위를 두려워하지 않는 것은 땅뿐 아니라 얼음과도 친척이기 때문이다. 해마다 봄이 되면 남쪽에서 하늘빛 앵무새가 아름다운 아내를 구하기 위해 코랴크인 마을을 찾아온다. 하지만 아름다운 코랴크인 아가씨는 이 청혼을 받아들이지 않는다. 그들은 하늘빛 앵무새와 결혼하는 것보다 고향에 살면서 코랴크인 후세를 낳는 것을 더 좋아한다.

태양은 바다 건너편에 살지만 툰드라에서도 많은 시간을 보낸다. 태양은 아튜와 늘 손을 잡고 돌아다닌다. 우리가 아튜를 볼 수 없는 것은 항상 태양의 그림자에 가려 있기 때문이다. 못생긴 툐파는 코가 긴 대머리 노인에게 다시 시집을 가서 무척 많은 아이들을 낳았다. 지금 툐파는 마을 사람들의 존경을 한 몸에 받고 있다. 봄날 샤먼들이 백산(白山)에 올라 성화를 피울 때 툐파가 제일 먼저 바다표범 비계를 불의 제물로 바친다. 툐파의 대머리 남편은 지금은 흰 턱수염이 자랐고 마을에서 가장 존경받는 샤먼이 되었다. 매일 밤 그는 백산에 올라 기도를 하는데 항상 태양과 까마귀에 대한 축언부터 시작한다.

## 까마귀와 늑대

까마귀가 언덕을 구르면서 놀고 있는데 늑대가 다가왔다.

"야, 까마귀야! 나도 너처럼 놀고 싶어!"

"너는 안 돼. 저기는 낭떠러지야. 잘못하다 강으로 떨어져서 크게 다칠 수도 있어."

"아니야! 그럴 일 없을 거야! 걱정 붙들어 매!"

"그래? 그럼 같이 언덕을 굴러서 내려가자. 대신 네가 어떻게 돼도 나에게는 책임이 없어."

"그거야 당연하지."

까마귀와 늑대는 낭떠러지 바로 앞에까지 굴러갔다. 까마귀는 하늘로 날아갔지만 늑대는 강으로 날아가 강물에 박혔다. 물이 얼어 있어서 늑대는 빠져나올 수가 없었다. 결국 까마귀에게 도와 달라고 애원했다.

"너도 잘 탈 수 있다고 했잖아!"

"순록 떼를 줄게."

"필요 없어. 내게도 순록은 얼마든지 있어."

"내 여동생을 줄게."

"좋았어!"

까마귀는 흔쾌히 동의하면서 늑대가 물 밖으로 나오는

것을 도와주었다. 늑대는 나와서 몸을 털 뒤 툰드라로 냅다 달아나면서 소리쳤다.

"내 여동생을 주고 싶지만 너는 너무 까매!"

까마귀는 하늘로 올라가 언덕을 넘어 늑대가 가는 길에 고기로 변신해 누워 있었다. 아무것도 모르는 늑대는 까마귀 고기를 보자마자 얼른 달려들어 먹어 치웠다. 늑대의 배 속에 들어간 까마귀는 늑대의 위와 장을 쉼 없이 물어뜯었다. 늑대가 죽었다. 까마귀는 늑대 밖으로 나와 늑대를 끌고 집으로 가서 아내에게 말했다.

"잔치를 합시다. 그런데 툰드라로 간 아들들이 올 때까지 잠시만 기다립시다."

그 시각, 늑대 동생들은 형을 기다리다 못해 결국 찾으러 나섰다. 그런데 늑대 동생들도 까마귀가 길에 놓아둔 미끼를 먹고 죽었다. 기다리다 지친 늑대 여동생은 집에 있던 두 오빠에게 다른 오빠들을 찾아보라고 했다. 이 늑대들도 까마귀가 놓아둔 미끼를 먹으면서 죽음을 맞이했다. 여동생은 오빠들을 애타게 기다렸지만 소용이 없었다. 먹을 것도 없었다. 어쩌겠는가! 여동생이 직접 사냥을 하러 나갔다. 그러다 다리를 다쳐 간신히 집으로 돌아와 자리에 누웠는데 더 이상 일어날 수가 없었다. 결국 엄마에게 말했다.

"더 이상은 사냥을 할 수 없으니 엄마가 사냥을 다녀오세요."

엄마는 그날 밤 아들을 낳았다. 굉장한 녀석이었다. 아침부터 말을 하기 시작하더니 밤이 되자 사냥을 하겠다고 툰드라로 가더니 아침에 순록 한 마리를 어깨에 들쳐 메고 왔다. 아들이 차를 마시면서 물었다.

"우리 집에 침대가 왜 이렇게 많죠?"

"다 낡은 침대란다."

"우리 집에 활과 화살이 왜 이렇게 많죠?"

"네 아버지의 활과 화살이란다."

"그게 아닌 것 같아요. 누나와 저 말고도 형제들이 많았던 게 분명해요. 집 근처에서 발자국을 보았어요."

밤에 막내는 형들의 발자국을 따라갔다. 발자국은 까마귀의 집으로 이어졌다. 까마귀에게 물었다.

"내 형들은 어디에 있소?"

"모르겠는데."

"당신의 집 근처에 흐트러진 형들의 발자국은 대체 뭐죠?"

까마귀는 화들짝 놀라 몸을 숨겼고 까마귀 아내도 어디론가 숨어 버렸다. 막내는 그곳에서 죽은 채 누워 있는 형들을 발견했다. 막냇동생은 형들을 모두 살려 냈다. 형들은 집으로 가면서 까마귀에 대한 복수 차원에서 까마귀의 딸을 데리고 갔다. 까마귀의 딸이 무척 슬피 울었다.

"아버지가 나를 엄청 혼내실 거야! 이제 어떻게 하면 좋아!"

"못 그럴 거야! 네 아버지가 내 형들을 모두 죽였잖아!"

형제들이 집에 가자 부모님과 누나가 하늘을 날 듯이 기뻐했다. 막내가 물었다.

"아버지 어머니! 어째서 형들에 대한 이야기를 해 주지 않으신 거죠?"

"까마귀가 너마저 죽일 거라고 생각했다."

툰드라에서 돌아온 까마귀 형제들은 앉아서 차를 마셨다.

"여동생은 어디에 있죠?"

"어이쿠, 세상에! 그 아이에 대해 까맣게 잊고 있었네!"

까마귀 엄마가 이렇게 말을 하면서 옆방으로 달려갔다. 엄마는 소리를 지르면서 울고불고 난리였다.

"없어, 딸이 없어졌어. 젊은 늑대가 데려간 게 틀림없어."

까마귀 형제들이 늑대 형제들을 찾아갔다. 그곳에서 여동생을 발견한 까마귀 형제가 물었다.

"네가 어째서 여기에 있니?"

"늑대가 끌고 왔어."

"너는 왜 우리 여동생을 데리고 왔니?"

"그러면 어째서 네 아버지는 내 형들을 죽였지?"

"우리는 아무것도 몰라. 우리는 집에 없었어."

늑대와 까마귀는 오랜 말다툼 끝에 결국 가족이 적은 집에 까마귀 아가씨를 남겨 두기로 결정했다. 까마귀 가족의 수가 더 많았다. 어떻게 여동생을 순순히 내준단 말인가! 다시 말다툼이 벌어졌고 물건이 더 적은 집에 까마귀 아가씨를 남겨 두기로 결정했는데 까마귀의 집에 물건이 더 많았다. 여동생을 두 눈 벌겋게 뜨고 맥없이 빼앗길 수는 없는 노릇! 다시 말다툼이 벌어졌다. 막내 늑대가 말했다.

"그럼 여동생을 맞바꾸자."

그렇게 했다. 까마귀 형제는 여동생을 늑대의 집에 남겨 두고 늑대의 여동생을 자신들의 집으로 데리고 갔다. 그 이후로는 더 이상 싸우지 않았다.

## 까마귀와 새끼 쥐들

해변에 까마귀의 집이 있었다. 까마귀에게는 아들 열한 명과 딸 한 명이 있었다. 까마귀는 엄청나게 늙은 데다 성품도 무척 고약했다. 다른 동물들이 사냥해 온 것을 강제로 빼앗기 일쑤였다. 반면 까마귀의 아내는 무척 고결하고 착했다. 종종 사냥감을 물고 집으로 돌아오기도 했다.

눈이 부시게 화창한 날이었다. 툰드라에는 꽃향기가 풍겼다. 향유고래는 파도를 타며 놀고 있었고 바다표범은 물 밖으로 고개를 내밀면서 장난을 쳤다. 까마귀와 멀지 않은 곳에 쥐 가족이 살고 있었다. 그날 부모가 툰드라로 사냥을 나가는 바람에 집에는 새끼 쥐들과 늙은 할머니 쥐만 있었다. 손주들이 졸랐다.

"할머니! 먹을 것 좀 주세요."

"어떻게 하면 좋으냐! 집에 먹을 게 하나도 없구나. 해변에 가 봐라. 무언가 밀려왔을지도 모르겠구나. 해초라도 밀려와 있을 게다."

새끼 쥐들은 해변으로 달려가 장난을 치면서 공중제비를 돌기도 하고 찍찍 노래를 부르기도 했다. 그러다 문득 모래사장에서 바다표범을 발견했다. 바다표범에 기어 올라가 두 손을 모으고 춤을 추며 노래했다.

"이제 고기가 엄청나게 많이 생겼어. 기름도 엄청 많네! 룰루랄라! 이제 한동안 배 곯을 일은 없겠어."

늙은 까마귀는 노랫소리에 귀를 기울였다. 까마귀의 아내는 남편이 쥐들의 목소리를 듣지 못하게 솥으로 쿵쿵 소리를 냈지만 까마귀가 누구인가! 까마귀는 하던 일을 멈추고 집을 나갔다.

"어디 가는 거예요? 필요한 게 있으면 말하세요. 내가 갖다줄게요!"

"아니오. 내가 직접 가야겠소."

새끼 쥐들은 바다표범을 줄로 묶어 낑낑거리면서 집으로 끌고 가는 중이었다. 까마귀를 보고 화들짝 놀란 새끼 쥐들은 얼떨결에 바다표범을 모래사장에 파묻고 집으로 갔다. 까마귀는 새끼 쥐들을 따라가서 물었다.

"아까 너희가 뭘 끌고 오던데…. 그게 뭐니?"

"어어…. 그러니까…. 장작이에요."

"장작이 어디에 있니?"

까마귀는 새끼 쥐들이 얼렁뚱땅 둘러댄다는 사실을 눈치챘다. 까마귀는 새끼 쥐들이 바다표범을 묻어 놓은 모래사장으로 돌아가서 바다표범을 꺼내 집으로 끌고 갔다.

새끼 쥐들이 바다표범을 가지러 갔다. 바다표범이 감쪽

같이 사라졌다! 새끼 쥐들은 할머니에게 달려가서 엉엉 앙앙 울면서 일러 줬다. 할머니는 북을 두드렸다. 할머니는 어린 것들의 식량을 빼앗아 간 자에게 벌을 하라고 주문을 외웠다. 까마귀의 아내는 북소리와 할머니 쥐의 주문 소리를 듣고는 남편이 새끼 쥐에게서 사냥감을 빼앗아 왔다는 사실을 직감했다. 부랴부랴 집에 온 까마귀가 말했다.

"춤이라도 추어야 할 것이오. 사냥을 해 왔소."

아내는 북을 들고 춤을 추면서 주문을 외우기 시작했다.

"내가 있는 곳이 어디지? 우리 집이 아니네. 이 사람은 누구지? 이 사람이 내게 뭐라고 하는 거야? 이 사람이 말하네. 바다표범은 너희 것이 아니라고. 새끼 쥐에게서 빼앗아 온 것이라고. 바다표범을 당장 갖다주지 않으면 우리에게 불행이 닥칠 것이라고 하네."

까마귀는 심하게 화를 내면서 바다표범을 직접 삶겠다고 나섰다. 일꾼들이 배 근처에 불을 지피고 바다표범을 삶기 시작했다. 한참을 삶다 까마귀 부부는 잠이 들었다. 새끼 쥐들은 그 순간만을 기다렸다. 새끼 쥐들은 바다표범을 꺼낸 뒤 솥에 늙은 개를 집어넣었다. 이빨이 기괴하게 드러난 개의 낯짝은 솥 밖에, 창자는 솥의 손잡이에 걸어 놓았다. 잠에서 깨어난 까마귀가 일꾼들에게 물었다.

"바다표범은 다 삶았느냐?"

솥으로 달려간 일꾼들은 기겁을 하며 꼬리가 빠지게 달아났다.

"왜 그래?"

"주인님! 저기에 개가 있어요."

"뭐라고? 내가 직접 봐야겠군."

솥에는 바다표범이 아니라 개가 해괴망측한 자세로 누워 있었다. 까마귀는 광분해 집으로 달려가면서 소리쳤다.

"이봐! 할멈! 빨리! 급해! 가장 큰 쇠솥을 이리 줘!"

까마귀는 쥐의 집으로 달려가 집을 솥으로 때려 부수기 시작했다. 집에 금이 가기 시작하자 할머니가 손주들에게 말했다.

"나가 보아라. 분명 늙은 까마귀의 짓이다. 까마귀에게 할머니가 할아버지가 좋아하는 음식을 준비해 놨다고 말해라."

손주들이 까마귀를 불러 할머니의 말을 전했다.

"아하! 그거 듣던 중 아주 반가운 말이군."

까마귀가 집 안으로 들어갔다.

"까마귀 영감! 안녕하시오! 잘 왔소. 그러지 않아도 영감을 기다리고 있었소."

이렇게 말하면서 할머니는 까마귀에게 열매와 향기로운 풀을 곁들인 고기를 내놓았다.

"그런데 솥을 들고 어디로 가던 중이었소?"

"당신들에게 선물로 가져왔소."

"고맙소!"

까마귀는 실컷 먹은 뒤 잠이 들었다. 새끼 쥐들은 까마귀의 눈에 붉은색 해초를 매달았다. 잠에서 깨어난 까마귀는 집으로 돌아갈 채비를 했다. 밖으로 나왔는데 세상이 온통 빨간색으로 보이는 것이 아닌가! 까마귀는 헐레벌떡 달려가면서 소리쳤다.

"땅이 불에 타고 있다!"

마중 나온 막내아들을 붙잡아 얼떨결에 땅에 내리치자 막내아들의 깃털들이 모두 뽑혀 허공중으로 날아갔다. 아내가 소리를 지르면서 달려 나왔다.

"지금 뭐 하는 짓이오?"

"땅이 불타는 게 보이지 않소? 당장 제물을 바쳐야 하오!"

"그만하시오. 그런데 당신 눈에 붙은 게 뭐요?"

아내가 해초를 떼어 냈다. 새끼 쥐들이 자신을 놀렸다는 사실을 알게 된 까마귀는 광분해 날뛰었다.

"내게 제일 큰 쇠솥을 주시오. 당장 가서 쥐의 집을 부숴 버리겠소."

아내는 솥을 주었다. 까마귀는 쥐의 집에 가서 있는 힘껏 솥으로 집을 내리쳤다. 집은 금방이라도 무너져 내릴 것만 같았다. 할머니가 손녀 쥐에게 말했다.

"나가 보거라. 늙은 까마귀가 왔거든 네가 까마귀의 손녀라고 말해라."

손녀 쥐가 뛰어나갔다.

"할아버지, 안녕하세요! 저는 할아버지의 손녀예요."

"아하! 그거 듣던 중 기쁜 말이군. 네게 선물을 가지고 왔다."

까마귀는 새끼 쥐에게 솥을 주면서 함께 집 안으로 들어갔다. 할머니가 물었다.

"열매를 곁들인 바다표범 고기를 먹겠소?"

"당연하지. 물어보나 마나 아니오?"

까마귀는 쉴 새 없이 먹었다. 이번에도 먹자마자 꾸벅꾸벅 졸기 시작하더니 어느새 아주 깊이 잠이 들었다. 새끼 쥐들은 까마귀에게 알록달록 색칠을 했다. 까마귀는 마치 예쁜 여인을 닮아 보였다. 잠에서 깬 까마귀는 집으로 향했다. 물을 마시려고 강에 가서 고개를 숙였다가 물에 비친 자신의 모습을 보게 되었다. 이상해서 고개를 갸웃갸웃하면서 한참을 바라보았다. 그런데 물속에서 웬 여인이 고개를 갸웃갸웃하면서 자신을 보고 있는 것이 아닌가! 까마귀는 너무 놀란 나머지 물을 마시는 것도 잊어버린 채 생각에 잠겼다.

'저 여인은 누구일까? 어째서 나는 지금껏 저렇게 아름다운 여인을 한 번도 보지 못했을까?'

그리고 다시 조심스럽게 목을 길게 빼고 물속을 들여다보았다. 여인도 물속에서 목을 길게 빼고는 자신을 바라보았다. 까마귀는 생각했다.

'저 여인과 결혼하는 것도 나쁘지는 않겠어. 참으로 아름답군!'

헐레벌떡 집으로 달려가 숨넘어가는 소리로 말했다.

"할멈! 결혼을 해야겠소!"

"누구랑요! 나는 어떻게 하고요? 아이들은요?"

아내는 한참을 묻다 어리숙한 늙은 까마귀에게 새끼 쥐들이 색칠을 해 놓은 모습을 보고 웃음을 참을 수가 없었다.

"아주 떠나겠다는 것은 아니오. 단지 결혼을 하겠다는 것이오. 당신의 집안일을 도와주라고 하겠소."

아내는 남편을 놀려 주어야겠다고 생각했다.

"영감은 지금 이빨이 없어서 음식을 잘게 부숴 먹어야 하니 돌 망치와 둥근 돌을 가져가야 하지 않겠소? 결혼식에 손님이 많이 올 수도 있으니 나무 쟁반도 가져가시오. 그런데 결혼식이 끝나면 살 집이 있어야 하지 않겠소? 그러니 아쉬운 대로 작은 집이라도 지어 가는 게 좋지 않겠소? 이것 보세요! 내가 영감 걱정을 얼마나 많이 하는지 알기나 해요?"

"잘 알고 있소! 고맙구려!"

까마귀는 일꾼에게 결혼 선물을 짊어지게 하고 길을 떠났다. 일꾼은 선물을 강가에 내려놓았다. 까마귀가 말했다.

"자, 이제 나는 결혼식을 할 것이니 너는 집으로 가거라. 네가 있으면 방해가 될 것 같구나."

까마귀는 '이곳이 맞나?' 하며 고개를 갸우뚱거리면서 강을 들여다보았다. 세상에! 여인이 그곳에서 아직도 자신을 기다리고 있는 것이 아닌가!

"나랑 결혼하겠소?"

까마귀는 여인에게 망치를 보여 주었다.

"이것이 필요하오?"

망치를 강에 던진 뒤 곧 둥근 돌을 던졌다. 모두 바닥에 떨어졌다. 까마귀는 여인이 가지고 갔다고 생각했다.

"이것도 필요하오?"

나무 쟁반을 던졌는데 그냥 물에 둥둥 뜨더니 바다로 떠내려갔다. 까마귀는 너무 놀랐다.

"어째서 받지 않는 거지?"

그런데 물속의 여인도 심하게 놀란 표정으로 자신을 쳐다보는 것이었다. 까마귀가 혼자 중얼거렸다.

"아하! 이제 알았다! 여인은 굉장한 부자야. 순록도 어마어마하게 많기 때문에 나무 쟁반 따위는 필요가 없는 거야."

까마귀는 짐을 보여 주면서 짐을 펴기 시작했다.

"이것도 필요하지 않소? 그럴 것 같아서 내가 집도 가지고 왔소!"

까마귀는 집을 끌고 물속으로 뛰어들었다.

아내는 남편을 기다리다 지쳐 강으로 갔는데 남편이 없었다. 도대체 어디로 갔단 말인가! 주변 정황으로 보아 남편이 결혼을 한 것은 확실해 보였다. 아내는 바다로 떠내려가는 나무 쟁반을 따라갔다. 파도에 떠내려 나온 집이 해초에 감겨 해변에서 뒹굴고 있었다. 아내가 집을 들추니 안에서 남편의 목소리가 들렸다.

"누가 내 결혼을 방해하는 거냐?"

아내는 뛸 듯이 기뻤다. 집을 여니 남편이 눈물을 닦으면서 아내에게 물었다.

"내가 결혼을 하긴 했소?"

"빨리 집에 갑시다! 주책바가지 늙은이 같으니! 아이들이 기다리고 있소!"

## 마찰란

툰드라에 마찰란이란 이름의 축치인이 있었다. 그는 늙은 까마귀에게 가슴이 큰 딸이 있다는 소문을 무수히 많이 들었다. 마찰란은 늙은 까마귀의 딸을 만날 기회를 호시탐탐 노리고 있었다. 작은 물고기로 변신해 얼음 구멍에 들어가서 딸이 물을 길으러 오는 순간을 기다리기로 했다. 신선한 물이 마시고 싶어진 까마귀 아버지가 딸에게 말했다.

"얘야! 가서 차가운 물을 좀 떠 오너라."

큰딸이 얼음 구멍에 갔는데 조각처럼 예쁘고 알록달록한 색깔의 작은 물고기가 앙증맞게 꼬리를 치며 놀고 있었다. 큰딸은 물고기가 무척 마음에 들었다. 어렵게 물고기를 잡아 물동이에 넣었다. 그런데 강기슭에 오자 물고기가 펄쩍 뛰어오르는 바람에 큰딸의 옷소매가 젖었다. 큰딸이 소매를 말리려고 웃옷 속으로 손을 집어넣는 순간 가슴이 훤하게 드러났다. 이때 늙은 마찰란이 능글맞게 웃으면서 말했다.

"늙은 까마귀에게 가슴이 큰 딸이 있다는 말이 거짓이 아니었군. 그런데 너는 이미 너무 늙었어. 할머니 소리를 들으면 딱 맞겠네."

마찰란은 능글능글 비웃으면서 집으로 돌아갔다. 큰딸

은 머리를 눈 속에 파묻고 슬피 울었다. 까마귀 아버지는 큰딸이 물을 길어 오기만을 애타게 기다렸다. 하지만 뉘엿뉘엿 해가 지는데도 큰딸이 돌아오지 않자 막내딸을 내보냈다. 강가에 간 막내는 언니가 눈 속에 얼굴을 파묻고 눈물을 흘리고 있는 것을 보았다.

"언니! 집에 안 가?"

"안 갈래! 집에 안 갈 거야."

막내는 집에 와서 아버지에게 언니의 말을 전했다.

"언니는 눈에 얼굴을 파묻고 울고 있었는데 집에 오지 않겠대요."

아버지가 그곳으로 갔다.

"왜 그러니? 무슨 일이 있었니?"

"늙은 마찰란이 나를 비웃었어요."

딸은 아버지에게 물고기 이야기를 들려주었다.

"알았다. 두고 보거라. 마찰란의 버릇을 따끔하게 고쳐놓겠다. 오늘 밤에 젖이 필요한 홀아비가 아이를 데리고 올 것이다. 홀아비에게는 썰매가 네 대 있단다. 한 대에는 쇠솥, 한 대에는 쇠 주전자, 한 대에는 창, 한 대에는 여러 종류의 고기가 가득 실려 있단다. 마찰란은 수단과 방법을 가리지 않고 그 남자를 붙잡으려 할 것이다."

밤이 되자 달이 휘영청 높이 떠올랐다. 웬일인지 이날따라 마찰란은 잠이 오지 않았다. 집 밖으로 나가 주위를 돌아다니다 썰매가 미끄러지는 소리를 들었다. 누구일까? 도대체 썰매를 타고 어디로 가는 걸까? 마찰란은 무척 궁금했다. 썰매 소리가 점점 가까워지자 아이 울음소리와 남자가 아이를 달래는 소리가 들렸다.

"애야! 울지 마라. 이제 그만 그쳐라. 곧 젖을 실컷 먹게 될 것이다. 젖이 많이 나오는 여인에게 가고 있으니 그만 울어라."

'아하! 늙은 까마귀에게 가는군.'

마찰란이 이렇게 생각하는 동안 마찰란 바로 옆으로 썰매가 스르르 미끄러져 오더니 한 남자가 썰매에서 얼굴을 내밀고 늙은 까마귀의 집이 어디냐고 물었다. 마찰란은 이 남자를 붙잡아 두려고 없는 말을 꾸며 댔다.

"글쎄요…. 잘 모르겠어요. 늙은 까마귀는 다른 곳으로 떠났다던대요. 왜 그러는 거죠?"

"아내가 죽었소. 아이가 먹지도, 마시지도 못해 계속 울고만 있소. 젖을 좀 달라고 할 참이오. 사람들이 말하길 늙은 까마귀의 딸이 가슴이 커서 젖이 많이 나온다고 하더군요."

이때 아이가 자지러지게 울기 시작했다. 남자는 서둘렀다. 썰매를 둘러본 마찰란은 홀아비가 대단한 부자라는 생각에 자신의 딸과 결혼을 시키고 싶었다.

"그렇지 않소. 늙은 까마귀에게 딸은 없소. 늙은 아내만 있는데 너무 늙어서 젖을 주지 못할 것이오. 우리 집으로 갑시다. 당신 아이에게 젖을 넘치게 주겠소."

마찰란은 아이를 자신의 집으로 데리고 갔다. 그리고 아내에게 젖을 주라고 했다. 마찰란의 아내를 본 아이는 큰 소리로 울기 시작했다.

"늙은 아줌마 젖은 싫어."

마찰란은 동생의 아내에게 달려갔다. 동생의 아내가 젖을 물리려 했지만 아이는 젖을 물기는커녕 소리만 질렀다.

"싫어! 저렇게 작은 젖은 싫어!"

"저는 아들이 울 때마다 심장이 아프다 못해 저려 옵니다."

홀아비는 이렇게 말을 한 뒤 길을 나설 준비를 했다. 마찰란은 조카에게 달려갔다. 조카가 아이에게 젖을 물리자 아이는 잠잠해졌다. 마찰란은 홀아비를 자신의 딸의 방으로 데리고 갔다. 밤이 되었다. 마찰란은 모닥불 옆에서 아이를 안고 있었다. 남모르는 아이를 흔들어 주면서 노래까지 불러 주었다.

"룰루랄라! 이제 나는 부자가 될 거야. 홀아비가 내 딸과 결혼을 하겠지."

아침에 늙은 까마귀가 마찰란의 집 근처를 맴돌면서 말했다.

"이봐! 거기서 헤엄을 치는 게 누구야? 하얀 돌고래인가?"

"에이! 무슨 상관이야. 우리 집은 아직 자고 있으니 저리 가!"

"마찰란! 네 옆에 있는 게 뭐니?"

마찰란은 눈을 뜨고 주위를 둘러보았다. 쇠 그릇과 창이 있던 썰매는 쓰레기 더미로 변해 있었다. 그 속에서 딸이 자고 있는지 머리가 쓰레기 더미 밖으로 살짝 보였다. 마찰란이 무릎에 얹어 둔 것은 아이가 아니라 똥 덩어리였다.

"이봐, 마찰란! 처음에는 네가 웃었지만 마지막에는 내가 웃게 되었군. 하하하!"

늙은 까마귀는 세상이 떠나갈 정도로 웃으면서 날아갔다.

## 까마귀와 태양

태양이 열매를 따 오라고 여동생 달을 땅에 보냈다. 툰드라를 거닐면서 열매를 모으던 달이 까마귀 아가씨를 만났다. 함께 열매를 모았는데 얼마나 많이 모았는지 광주리가 넘칠 지경이었다. 달이 말했다.

"잠시 쉬자."

"너는 쉬어. 나는 계속 열매를 모을게."

달은 잠이 들었다. 달의 얼굴을 보던 까마귀는 이루 말할 수 없이 놀랐다. 얼마나 아름다운지 도무지 눈을 뗄 수가 없었다. 잠에서 깬 달이 까마귀에게 물었다.

"너도 좀 잤니?"

"지금 막 일어났어. 그러지 않아도 너를 깨우려고 했어. 우리 집에 가자. 여기에서 가까워."

함께 까마귀의 집으로 갔다. 저녁에 사냥을 나갔던 오빠가 돌아오자 까마귀 동생이 슬쩍 다가가서 말했다.

"내일 내 옷을 입고 나처럼 꾸민 뒤 저 아가씨와 툰드라로 가서 열매를 모으도록 해."

그렇게 했다. 그런데 까마귀가 열매를 모으는 모습을 본 달이 물었다.

"그런데 너 혹시 남자 아니니?"

"무슨 소리야! 어제도 여기에서 같이 열매를 땄잖아!"

달은 광주리에 열매를 담았다. 그러다 갑자기 피곤이 물밀듯 밀려왔다. 친구도 함께 쉬자고 부르고 싶었지만 보이지 않았다. 달은 친구를 찾다 우연히 예쁜 칼을 발견했다. 달은 칼을 옆에 둔 채 친구를 기다리며 꾸벅꾸벅 졸기 시작했다. 달이 잠에서 깨어나자 옆에는 칼 대신 까마귀가 있었다. 심하게 놀란 달은 슬피 울었고 까마귀는 달을 위로해 주었다. 달은 일어나 태양을 향해 날아갔다. 아래를 보니 까마귀가 뒤에서 쫓아오고 있었다.

"따라오지 마! 이곳은 엄청 멀어!"

"너를 보내 주지 않을 거야. 힘닿는 곳까지 쫓아갈 거야. 가다가 안 되면 땅에 떨어져서 죽어 버릴 거야!"

달은 까마귀가 가여웠다. 다시 땅으로 돌아와 아이를 낳고 함께 살게 되었다. 태양은 여동생 달을 목이 빠지게 기다리면서 달을 그리워하는 노래를 불렀지만 여동생은 여전히 돌아오지 않았다. 태양은 직접 툰드라로 가서 여동생을 찾아다녔다. 까마귀의 집에서 여동생을 발견한 태양이 물었다.

"너는 왜 아직까지 땅에 있니?"

"아이를 낳았어."

태양 오빠와 까마귀 남편은 달이 누구의 것이냐를 두고 말다툼을 시작했다. 까마귀 남편이 말했다.

"달은 내 거야. 내 아이를 낳았거든."

"아니야! 내 동생이야!"

둘 사이의 말다툼은 계속되었고 결국 누가 달에게 더 빨리 더 예쁜 옷을 만들어 주는지 보고 달이 누구 것인지 결정하기로 했다. 까마귀 남편은 담비를 불렀고 태양 오빠는 쥐를 불렀다. 그들에게 웃옷을 지으라고 했다. 담비는 이미 옷을 다 만들었는데 쥐는 아직 시작도 못 하고 있었다. 까마귀 남편은 마르모트에게, 태양 오빠는 예브라시카[1]에게 모피 바지를 만들라고 했다. 마르모트는 바지를 다 만들었는데 예브라시카는 아직 반도 못 만들었다. 까마귀 남편은 수달에게, 태양 오빠는 여우에게 모피 양말을 만들라고 했다. 수달이 양말 두 켤레를 만드는 동안 여우는 한 켤레밖에 못 만들었다. 까마귀 남편은 산양을, 태양 오빠는 오소리를 불러 덧신을 만들라고 했다. 산양은 덧신을 다 만들었지만 오소리는 시작도 못 했다.

까마귀 남편은 곰을, 태양 오빠는 늑대를 불렀다. 태양이 돌아가는 상황을 가만히 보니 자신이 질게 뻔했다. 태양이

---

1) 예브라시카 : 다람쥐과에 속한 설치류의 한 종류다.

얼음 여인을 불러왔다. 얼음 여인은 굉장히 아름다웠고 온몸에서 빛이 나고 있었다. 까마귀가 자신에게도 그 정도의 미모를 갖춘 여인은 널렸다며 태양에게 심하게 화를 내자 태양이 말했다.

"내 여동생을 이리 줘!"

까마귀는 거듭 생각할 필요도 없었다.

"싫어!"

태양은 눈 여인을 불러왔다. 눈 여인이 집에 들어오자 태양이 그녀에게 빛을 비추었다. 여인에게서 빛이 나기 시작하더니 여인의 옷이 형형색색의 아름다운 불처럼 빛나기 시작했다. 집 안이 곧 환하게 밝아지면서 기분까지 유쾌해졌다.

"네 여동생을 데리고 가!"

까마귀는 이렇게 소리치면서 얼음 여인과 눈 여인을 아내로 맞이했다. 태양은 까마귀에게 여동생을 벌써 잊었다며 심하게 화를 내면서 여동생과 함께 바다 너머로 떠났다. 그때부터 툰드라는 어둡고 추운 곳이 되었다….

## 벌받은 탐욕스러운 까마귀

바닷가 절벽에 아주 늙은 까마귀가 살았다. 집 입구는 해변을 향하고 있었다. 까마귀는 날마다 해변으로 나가 먹을 거리를 찾았다. 죽은 고래나 바다표범이 밀려오면 두 번 생각할 필요도 없이 냉큼 날아가서 쪼아 먹었다. 이때마다 까마귀는 큰 소리로 가족들을 불러 모아 만찬을 개최했다. 까마귀 가족은 식구가 무척 많았다. 늙은 까마귀는 어떻게 해서든지 가족들을 먹여 살려야만 했다. 까마귀와 일곱 아들은 자주 바다 사냥을 나갔다. 주로 물고기나 게를 잡았지만 바다표범이 밀려온 해는 겨울 내내 바다표범 시체 옆에서 만찬을 베풀었다.

어느 여름날 까마귀가 아내에게 말했다.

"알이 먹고 싶구려. 알을 찾으러 절벽에 갔다 오리다. 지금 절벽에는 새도 많고 알도 많지만 조금 지나면 알은 없어질 것이오. 알에서 새끼들이 태어날 것이고 어미를 따라 멀리 떠날 거니 당연하겠죠? 알은 맛도 맛이지만 원기 회복에는 정말 최고요."

"어째서 당신이 직접 가려고 하십니까? 아들들이 몇 명인데…. 아들들에게 알을 가져오라고 하면 되지 않겠어요?

우리는 이미 늙었어요. 이제 우리가 할 일은 집에서 아들들과 손주들에게 지혜를 가르치는 거예요."

아내는 아주 심하게 반대했다. 아내는 남편이 탐욕스럽다는 사실을 알았기 때문에 늘 신이 벌을 내리지 않을까 하는 두려움에 시달렸다. 남편은 먹을 만큼이 아니라 그보다 훨씬 많은 알을 가져올 것이 분명하다. 까마귀는 절대 탐욕을 부려서는 안 된다. 신이 까마귀를 땅에 보낸 이유는 단 한 가지다. 죽은 시체들을 먹어 치워 땅에 전염병이 퍼지지 않게 하라는 것이었다.

"아니오. 내가 직접 가야겠소. 내가 빨리 알을 가지고 오겠소."

아내는 마음먹은 바는 하고야 마는 남편의 못된 성격을 진저리 치게 잘 알았다. 남편의 뜻에 반대하는 것은 쓸데없는 시간 낭비였다.

"그래요. 갔다 오세요. 하지만 욕심내지 말고 필요한 만큼만, 한 번 먹을 만큼만 가져오세요. 우리에게 많이 필요하지도 않아요. 조심하세요."

남편이 절벽으로 날아갔다. 알을 품고 있던 새들이 까마귀를 발견하고는 모욕감과 공포로 일제히 소리를 질렀다. 새들은 늙은 까마귀가 이곳으로 오는 이유를 너무나 잘 알았다. 갈매기, 오리가 모두 일어나 울기 시작하면서 둥지에서 날아갔다. 모두 소리를 질러 까마귀를 쫓아 버리고 싶었지만 까마귀는 그들의 울음소리를 두려워하지 않았다. 아니 오히려 비웃었다. 갈매기가 뭘 할 수 있단 말인가! 혹시 갈매기의 부리가 까마귀의 두 배 정도로 크다면 또 모를까…. 오리가 뭘 할 수 있단 말인가! 혹시 까마귀처럼 자유롭게 하늘을 날 수 있다면 또 모를까…. 까마귀는 아주 급하게 알들을 모으면서 생각했다.

'다른 새들의 알도 가져가야겠어. 그러면 알이 엄청 많아지겠지….'

다른 새의 알도 가져왔지만 여전히 까마귀의 성에 차지 않았다. 까마귀는 예케갈리옌을 찾아갔다.

"예케갈리옌아! 맛있는 네 알을 먹으러 왔어."

"안 돼! 까마귀 오빠! 절대 안 돼! 건드리지 마! 나에게 하나뿐이 없는 알이야. 나를 갈매기와 똑같이 보지 마. 갈매기는 한 번에 다섯 개씩 알을 낳지만 나는 여름에 딱 하나만 낳는단 말이야! 내 알을 빼앗아 가지 마! 오빠는 사람들이 나를 성스러운 새로 간주하는 걸 몰라? 이 북쪽 해변에 성스러운 새는 나 하나뿐이야!"

예케갈리옌이 울기 시작했다. 눈물이 늙은 까마귀의 머리, 가슴, 날개에 쉬지 않고 뚝뚝 떨어졌다. 까마귀는 전혀 아랑곳하지 않았고 둥지에 놓인 하나뿐인 알을 가지고 나왔다. 까마귀는 기쁨에 차서 집으로 날아갔다. 까마귀는 이렇게 알을 많이 모아 올 때면 늘 기쁨의 춤을 췄다. 새의 눈물도 까마귀의 탐욕을 진정시키지 못했다.

알을 집으로 가지고 간 까마귀는 절벽 아래 숨겨 두었다. 그리고 아내에게 겨울 내내 아주 오랫동안 먹고도 남을 것이라며 자랑스럽게 이야기했다. 아내는 산신, 툰드라의 신, 하늘의 신이 언젠가는 탐욕스런 남편 까마귀에게 벌을 내릴 것이라고 생각했다. 실제로 그렇게 되었다. 까마귀가 자기가 먹을 양 이상의 알을 가지고 간 것을 알게 된 태양이 격노했다. 게다가 새 예케갈리엔이 높은 절벽에 올라가 태양에게 까마귀의 탐욕을 눈물로 하소연했다.

"저는 후세가 없는 홀몸이 되었어요. 늙은 까마귀가 앞으로도 계속 패악을 부리면 파란 눈의 하얀 새들은 이 세상에서 사라지게 될 거예요. 우리가 없으면 여름에 툰드라는 심심해질 거예요. 사람들은 신이 선물한 성스러운 새를 잃어버리게 될 거구요. 어째서 늙은 까마귀는 저토록 탐욕스럽게 다른 새의 알을 빼앗아 갈까요? 제가 후세가 잇지 못한다면 더 이상 알도 없을 거예요."

태양은 예케갈리엔에게 아무런 말도 하지 않았지만 까마귀를 응징하기로 마음먹었다. 태양은 예케갈리엔의 눈물이 떨어진 까마귀의 몸에 불을 붙였다. 까마귀는 털이 다 빠졌다. 겨울이 오자 몸이 꽁꽁 얼어 버려서 날 수가 없었다. 깃털이 없는 날개는 더 이상 날개가 아니었다. 창피해진 까마귀는 새와 동물들을 피해 바위 사이에 숨어 지냈다. 이 와중에도 까마귀는 연신 알을 먹었다. 이 사실을 알게 된 새들이 까마귀가 사는 절벽으로 날아와 까마귀를 쫓아냈고 까마귀가 모아 둔 알을 모조리 먹어 치웠다.

까마귀의 아들들은 슬피 눈물을 흘렸지만 아버지를 도와줄 방법이 없었다. 까마귀가 알을 빼앗아 갈 때 새들이 자신의 알에게 도움을 줄 수 없었던 것처럼 아무도 까마귀를 도와줄 수가 없었다. 까마귀의 늙은 아내도 눈물을 흘리면서 아들들에게 사냥은 먹을 만큼만 하는 것이지 그 이상은 절대 안 된다고 당부했다. 하늘이 벌을 준 것이다. 까마귀는 신의 명을 어기고 다른 새의 알을 훔쳐 가면서 어리석게도 자신이 그들보다 잘났다고 우쭐거렸다. 신은 1그램도 더 가져가지 말고 먹을 만큼만 가져가라고 한다.

## 까마귀 남편과 갈매기 부인

까마귀가 해변을 거닐다 툰드라에서 약초를 캐는 옆집 까마귀 여인과 마주쳤다. 까마귀가 말했다.

"네 딸과 내 아들을 결혼시키자."

"고래 마을이 어디인지 말해 봐. 그럼 내 딸을 줄게."

"고래 마을은 왜?"

"고래 기름이 필요하거든."

"갈 거면 내 아들과 네 딸을 결혼시킨 뒤 내 아들을 데리고 저 섬으로 가 봐. 그곳은는 고래 기름이 넘쳐 나서 주체를 못한대."

"알았어."

까마귀의 아들딸은 결혼을 했고 장모와 사위는 배를 타고 섬으로 갔다. 까마귀는 해변에 서서 그들의 뒷모습을 바라보며 비웃고 있었다. 그 섬은 고래 마을이 아니라 갈매기 마을이었다. 고래 기름에 대해 물으니 갈매기들이 낄낄거리며 비웃었다. 저녁이 되어 까마귀 여인은 잠을 자러 배로 갔고 사위는 갈매기의 집으로 들어갔다. 집주인의 딸은 정말 예뻤다. 몸은 눈처럼 희었다. 까마귀는 한눈에 아가씨에게 마음을 빼앗겨 청혼을 했다. 아가씨의 부모님은 흔쾌히 승

낙을 했고 지참금을 받은 뒤 딸을 까마귀에게 주었다.

아침에 까마귀는 갈매기를 배의 앞쪽에 숨긴 뒤 갈매기의 부모가 지참금으로 준 짐을 배에 실었다. 집으로 향했다. 그들을 섬으로 보냈던 까마귀 아버지가 해변에서 까마귀 여인에게 목청껏 소리를 질렀다.

"이 여편네야, 정신이 있는 거야 없는 거야? 대체 배에 누구를 싣고 오는 거야?"

까마귀 장모가 귀를 기울여 들으려 했지만 잘 들리지 않았다. 무슨 말인지 알아들으려다 보니 머리가 빙빙 도는 것 같았다. 사위가 말했다.

"노래를 부르세요. 늑대가 여우를 어떻게 쫓아가는지, 우리 배가 어떻게 바다 위를 떠다니는지 노래로 불러 보세요."

까마귀 장모가 노래를 부르기 시작했다.

"니 피 칵! 니 피 칵!"

"보세요! 그러니까 배가 더 빨리 달리잖아요."

사위는 온 힘을 다해 노를 저었다. 까마귀는 해변을 달리면서 또 소리를 질렀다.

"이봐, 여편네야! 정신이 있는 거야 없는 거야?"

"노를 젓지 말고 잠깐 멈춰 봐. 네 아버지가 뭐라고 하잖아."

까마귀 장모는 사돈 까마귀의 말을 귀를 기울여 듣고 싶었다.

사위가 말했다.

"됐어요. 빨리 가야 돼요. 안 그러면 언제 집에 갈지 몰라요."

"노 노 이옥!"

까마귀 장모는 다시 노래를 부르다 갑자기 사위 뒤에서 무언가 하얀 것을 발견했다.

"저기 하얀 게 뭐지?"

까마귀가 갈매기를 못 보게 가로막았다. 까마귀 장모는 극심하게 화를 내면서 바다로 갈매기의 집을 던져 버렸다. 우여곡절 끝에 결국 갈매기와 같이 집으로 온 까마귀는 아내를 만났다.

"두 번째 아내를 데리고 왔소! 당신은 훌륭하오. 나는 당신을 사랑하지만 당신은 딸만 낳았소. 나는 아들을 원하오!"

"알았어요!"

까마귀 장모는 갈매기를 엄청 미워했다. 하는 수 없었다. 사위는 장모를 해변의 큰 바위 뒤에 묶어 두었다. 갈매기는 해변에 서서 고향 섬을 바라보며 노래를 부르다 부모님 생각에 왈칵 설움이 밀려와 구슬프게 눈물을 흘렸다.

"디 히기 디! 디 히기 디!"

까마귀 장모가 물었다.

"어디를 보고 있니?"

"좋은 향기가 나는 곳이요. 그곳에는 고래들이 많이 살아요! 리 기 입! 리 히 입!"

갈매기가 계곡에서 물을 길어 오자 까마귀 장모는 물을 달라고 했다. 갈매기가 잔이 가득 넘칠 정도로 물을 담아 주자 까마귀 장모는 잔을 받아 그 자리에서 깨뜨렸다. 까마귀 남편이 집 근처에서 노를 만들다가 아내들에게 말했다.

"여기에서 식사를 합시다. 날씨가 참 좋군요. 집에 들어가고 싶지 않소."

까마귀 아내는 나무 쟁반에 고기를 담아 왔고 갈매기 아내는 차를 가지고 왔다.

"그런데 잔은 어디에 있소."

장모가 사위에게 소리를 질렀다.

"자네 잔을 갈매기가 깨뜨린 뒤 여기에 갔다 버렸네. 이리 와서 보게!"

남편은 아주 심하게 화를 냈다. 까마귀 장모는 갈매기를 중상모략했다. 자신의 섬이 그립다고 했다는 둥, 저기에서는 좋은 냄새가 나는데 남편에게는 지독한 냄새가 난다고 했다는 둥! 남편은 노를 들어 갈매기를 때렸다. 갈매기의 날개가 반으로 부러졌다. 밤에 갈매기는 집을 나왔다.

해변을 정처 없이 걷다가 인적이 없는 한적한 곳에 이르렸다. 풀로 날개를 묶은 뒤 상처가 낫기를 기다렸다. 그러다 갈매기는 그곳에서 두 아들을 낳았다. 아들의 몸에서 날개가 조금씩 자라기 시작했다. 아들들의 날개에 깃털이 나기 시작하자 엄마는 하늘을 나는 법을 가르쳤다. 까마귀는 갈매기를 찾아오라며 부인과 장모를 내보냈다. 그런데 두 모녀는 열매 따는 데 여념이 없어 갈매기에 대해서는 까맣게 잊고 있었다. 저녁에 집에 돌아와 남편에게 말했다.

"어디에도 없어요!"

남편이 직접 찾으러 나섰다. 드디어 갈매기의 아들들은 하늘을 나는 법을 다 익혔다. 갈매기는 아들들을 오빠들이 사는 섬으로 보냈다. 아들들은 바다 위를 오랫동안 날아갔다. 힘든 여정이었다. 가만 보니 큰 파도 위에서 갈매기들이 산책을 하고 있었고 향유고래가 몸을 이리저리 뒤집으면서 놀고 있있다. 아들들은 그곳에 앉아 잠시 휴식을 취한 뒤 다시 길을 떠났다.

섬에 도착해 할아버지 할머니를 찾아 그동안의 일을 낱낱이 이야기했다. 마을 사람들이 모두 모여 갈매기에게 날아갔는데 그 시각 갈매기를 발견한 까마귀 남편도 집으로 돌아가자고 설득하고 있었다. 아들들을 본 남편은 더 집요하게 집으로 돌아가자고 부탁했다.

"당신은 나빠요! 절대 당신에게 돌아가지 않을 거예요!"

그 순간 갈매기의 친척들이 그곳에 도착해 갈매기의 날개 밑을 붙잡고 바다 건너 섬으로 데리고 갔다. 까마귀는 홀로 남겨졌다.

## 해를 삼킨 까마귀 벨빔틸린

까마귀 벨빔틸린이 해를 삼켰다. 그 때문에 눈보라가 심하게 일더니 멈추지를 않았다. 예멤쿠트가 딸 클류케네비트에게 말했다.

"까마귀 벨빔틸린을 이리로 데리고 오너라."

딸은 썰매를 타고 까마귀 벨빔틸린에게 갔다.

"빨리 일어나! 너를 찾아 여기까지 왔어."

"누군데?"

"예멤쿠트의 딸 클류케네비트야."

"세상에 이런 일이! 으음음! 더 자고 싶어."

주위는 여전히 회색빛이었고 눈보라는 점점 심해졌다. 딸이 집에 오자 예멤쿠트가 물었다.

"까마귀는 어디에 있느냐?"

"못 데리고 왔어요. 제가 같이 가자고 하니까 '세상에 이런 일이!' 하면서 그냥 누워 버렸어요."

예멤쿠트가 딸 이니아나비트에게 말했다.

"깨끗이 머리 손질을 하고 까마귀 벨빔틸린에게 갔다 오너라."

깨끗이 머리를 다듬고 옷을 잘 차려입은 이니아나비트는

까마귀 벨빔틸린에게 갔다.

"까마귀야! 일어나! 이제 자는 척 그만해! 너를 데리러 왔어!"

"누구야?"

"이니아나비트야!"

벨빔틸린은 이니아나비트를 보고 기쁨에 겨워 웃음을 터뜨렸다. 푸하하하! 그렇게 큰 소리로 웃다가 그만 해를 뱉고 말았다. 하늘이 맑아졌고 눈보라가 그쳤다. 까마귀가 이니아나비트에게 말했다.

"함께 예멤쿠트에게 가자."

둘이 함께 떠나면서 이니아나비트가 까마귀에게 말했다.

"네가 앞장서!"

이니아나비트는 아주 길고 날카로운 장대를 들어 까마귀를 찔렀다.

"한 번만 더 해를 삼키면 가만두지 않겠어! 맑은 날이 계속되고 눈보라도 없어야 해! 알았어?"

이니아나비트는 까마귀 벨빔틸린을 장대에 꽂아 높이 치켜들고 걸어갔다.

## 악령을 떨쳐 버린 까마귀의 딸

강 옆 툰드라 움집에 까마귀 부부가 살았다. 여름이 되어 천막집으로 이사를 했다. 까마귀 아내가 툰드라로 열매를 따러 갔다가 덜컥 딸을 낳았다. 집으로 가려 했으나 악령이 덮쳐 갈 수가 없었다. 악령에게 말했다.

"내 아이를 데려가고 나는 놓아줘!"

까마귀 아내는 놓아주었다. 악령은 아이를 먹기 시작했으나 아무리 먹어도 아이는 그대로였다. 아주 멀쩡한 상태로 악령을 멀뚱멀뚱 쳐다보면서 앉아 있었다. 악령이 아이에게 말했다.

"아하! 이제 보니 보통 까마귀와는 완전히 다른데. 아주 좋아!"

악령은 입을 더 크게 벌리고 어적어적 씹어 먹었으나 아이는 멀쩡했다. 아니 오히려 더 커졌다. 악령이 생각했다.

'나는 너무 늙었어. 이러다간 내 이가 남아나지 않겠어. 젊은것들을 불러와야겠어.'

젊은 악령들이 와서 아이에게 달려들었다. 그런데 그러면 그럴수록 아이는 악령들 보란 듯이 점점 더 커졌다. 악령들이 서로를 쳐다보면서 말했다.

"저 아이의 정체는 뭐야? 혹시 괴물 아니야? 저 아이가 우리의 이를 다 망가뜨릴 거 같아. 그냥 놓고 가자."

악령들은 아이를 내버려 두고 산으로 떠났다. 아이는 앉아서 돌을 가지고 놀았다. 굴속에서 쥐가 뛰어나오자 돌을 던져 쥐를 잡아 쥐 가죽으로 옷을 만들어 입었다. 야생 순록 떼가 다가왔다. 아이는 큰 돌로 순록 사냥을 해서 순록 가죽으로 집을 지었다. 아이는 어느덧 아가씨가 되었다. 어느 날 우연히 아가씨 집 근처를 지나게 된 까마귀 청년이 마실 것을 청했다. 아가씨는 청년에게 한 줌 가득 물을 떠서 주었다. 그들은 서로를 쳐다보다 서로 많이 닮았다고 생각했다. 청년이 물었다.

"너는 누구니?"

"몰라요."

"네 엄마는 누구니?"

"툰드라예요."

청년이 집에 와서 물었다.

"엄마, 자식이 저 하나뿐이에요?"

"그렇다. 한 명이다."

"툰드라에 어떤 아가씨가 살고 있는데 저랑 너무 닮았어요. 둘 다 너무 놀랐어요."

엄마는 아들에게 언젠가 딸이 있었다는 말을 하면서 빨

리 아가씨에게 가자고 했다. 그들은 순록을 잡아 타고 한걸음에 달려갔다.

# 곰과 여러 동물 이야기

## 곰의 아들 카이니빌류

사냥꾼이 툰드라에서 한 치 앞도 보이지 않는 심한 눈보라를 만났다. 길을 잃었다. 사방은 숲으로 뒤덮여 있었다. 생사의 기로에 놓인 사냥꾼은 산꼭대기로 올라갔다. 그러다 발을 잘못 내딛는 바람에 아래로 굴러떨어졌는데 그곳은 무척 따뜻했다. 언 몸을 녹이던 중 불현듯 '자신이 있는 곳이 대체 어디일까?' 라는 의문이 샘솟았다. 어둠 속에서 주위를 더듬다가 털을 만지는 듯한 느낌이 들어 그 정체가 사뭇 궁금했다.

곰이었다. 정확하게 말한다면 암곰이었다. 그 순간 사냥꾼은 혼비백산해 정신이 쏙 빠지는 것 같았는데 일순 이상하게 기운이 쏙 빠지면서 정신이 혼미해졌다. 정신을 잃은 건지 잠이 든 건지 모르겠다. 하여튼 이내 아주 단잠에 빠져들었고 잠시 후 잠에서 깨어났는데 고통스러울 정도로 배가 고팠다.

'그런데 무얼 먹지?'

그 순간 암곰이 발을 사냥꾼의 입술에 가져다 대었다. 그러자 이상하게 순간적으로 배가 불러왔고 다시 잠이 들었다. 봄이 되어 암곰이 굴 문을 활짝 열어젖히면서 밖으로 나갔고 사냥꾼도 잠에서 깨어나 밖으로 나가 주위를 둘러보았다. 무척 따뜻했다.

'왜 이렇게 밝고 따뜻한 거지? 난 어제 하루밖에 안 잤는데….'

사냥꾼은 어디로 가야 할지, 마을이 어디인지 모두 잊어버렸다. 이미 암곰에게 적응이 되어 있었다. 다음 해 그들 사이에 아들이 태어났다. 몸은 사람이었으나 귀만 곰을 닮아서 곰의 귀라는 의미로 카이니빌류라고 불렀다.

셋이 함께 살았다. 그렇게 4년이 흘렀다. 카이니빌류는 무척 강했는데 그야말로 곰의 아들다웠다. 어느 날 카이니빌류가 아버지에게 말했다.

"아버지, 집에 가요."

"엄마는 어떻게 하고?"

"어차피 엄마는 우리를 죽일 거예요."

"그런데 어떻게 도망가지? 엄마가 우리를 쫓아올 텐데…."

"지금 엄마가 툰드라에 가고 없잖아요. 이때예요! 도망가요! 지금 엄마는 우리한테 신경을 안 쓰고 있어요!"

"여하튼 냄새를 맡고 쫓아올 거야! 우리가 몰래 도망을 갔다고 불같이 화를 낼 텐데…."

"그때는 엄마를 죽여야죠!"

"죽일 수는 없어! 네 엄마야!"

"안 그러면 언젠가 엄마가 우리를 죽일 거예요! 엄마는 어차피 곰이잖아요!"

그렇게 부자는 도망을 갔고 엄마는 그 시각 툰드라를 돌아다녔다. 집에 돌아왔는데 아무도 없었다. 엄마는 화가 펄펄 나서 부자의 뒤를 쫓았다. 이미 저녁으로 접어들었다. 드디어 아버지와 카이니빌류를 발견했다. 부자는 무척 지쳤지만 걸음을 멈추지 않았다. 어느 순간 뒤를 돌아보다 엄마를 발견했다. 정말 상황이 좋지 않군! 걸음을 더 빨리했다. 아버지는 사람이어서 아무리 빨리 걷는다고 해도 한계가 있었다. 아버지가 말했다.

"카이니빌류야! 우리는 결국 엄마에게 잡힐 거야. 엄마는 무척 빨리 걷거든."

"엄마를 죽여야겠어요!"

계곡에 이르자 카이니빌류가 아버지에게 말했다.

"아버지는 먼저 가세요. 저는 여기서 엄마를 기다릴게요."

아버지는 쉬지 않고 달려갔고 카이니빌류는 계곡 언저리에 몸을 숨기고 돌을 손에 꼭 쥔 채 엄마를 기다렸다. 그곳에 누군가 숨어 있다는 사실을 감지한 엄마는 서둘러 그곳으로 돌진했다. 카이니빌류가 엄마의 귀 뒤를 주먹으로 내리치자 엄마는 눈이 튀어나오면서 생기를 잃더니 그 자리에서 맥없이 쓰러졌다. 카이니빌류는 아버지의 뒤를 황급히 쫓아갔다. 아버지가 물었다.

"엄마는 어디에 있니?"

"제가 죽였어요."

카이니빌류는 그 정도로 흉악하고 잔혹한 성격이었다. 진짜 곰의 아들다웠다. 어쩌면 카이니빌류의 심장은 곰의 심장인지도 모른다. 이제부터 부자는 차분히 걷기 시작했다. 마침내 마을에 도착한 아버지는 아들을 자신의 집으로 데리고 갔다.

"바로 여기가 우리 집이다."

아버지 혼자 집으로 들어갔다. 카이니빌류는 놀고 있는 아이들을 발견하고는 아이들과 함께 놀겠다며 그곳으로 갔다. 아무리 힘이 세도 아이는 아이였다. 아이들끼리 서로 밀치면서 재미있게 놀았다. 그런데 이상하게 카이니빌류가 옆에 있는 아이를 살짝 건드린 것뿐인데 아이가 너무 아프다며 그 자리에서 펑펑 눈물을 쏟았다. 그만큼 카이니빌류의 손은 단단하고 강했다. 카이니빌류는 지나치게 힘이 셌다. 곧 마을 사람들이 수군거렸다.

"저 사람은 대체 어디에서 카이니빌류 같은 아이를 데리고 온 거야! 아이가 너무 무례하고 힘이 세잖아. 이러다가 동네 아이들을 모두 병신으로 만들겠어."

카이니빌류는 사람들이 하는 말을 이해하지 못했다. 어

느 날 아버지가 말했다.

"아들아! 사람들이 너에 대해 이러쿵저러쿵 나쁜 말들을 하는구나. 네가 아이들과 놀면서 아이들을 불구로 만든다고들 하는구나."

"저는 아이들을 살짝 건드린 것뿐인데…. 아이들이 그 자리에서 목 놓아 울어요. 저는 아이들에게 힘을 쓴 적이 없어요. 도저히 무슨 일인지 이해할 수가 없어요."

"아들아! 제발! 이제부터 아이들하고 놀 때는 매사에 조심해라."

"저는 그냥 툰드라에서 사는 게 낫지 않을까요?"

아버지는 카이니빌류가 툰드라로 가는 것을 허락하지 않았다.

"이곳을 떠나면 다시는 이곳으로 돌아오지 못할 수도 있다."

"사람들의 손에 죽지 않고 살아난다면 꼭 다시 아버지 곁으로 돌아오겠어요. 그리고 한 가지 더 분명한 건, 저보다 더 힘이 센 사람을 만나 보고 싶어요."

그래 봤자 카이니빌류는 사람이기 때문에 힘에 한계가 있을 것이라 생각한 아버지는 카이니빌류의 말에 화들짝 놀랐다. 아버지는 놀란 가슴을 쓸어내리면서 차라리 아들을 툰드라로 보내는 게 낫겠다고 생각했다.

"카이니빌류야! 가거라! 툰드라의 생활이 네게 더 즐거울 수도 있을 거다. 지금 즉시 떠나도록 해라."

"예! 가겠어요!"

카이니빌류는 강 아래쪽으로 방향을 잡은 뒤 툰드라를 따라 터덜터덜 정처 없이 걸어갔다. 그런데 자작나무 숲이 앞에서 오고 있는 것이 아닌가! 이상한 광경에 넋을 잃은 카이니빌류가 멈추어 섰다.

"저게 뭐야? 산이 움직이는 건가?"

산이 멈추더니 사람처럼 말을 했다.

"안녕, 카이니빌류! 네가 수많은 사람들의 입에 오르내리는 무사 카이니빌류가 맞지? 그렇지?"

"그래, 내가 카이니빌류야! 그런데 나는 무사는 아니야. 네가 진정한 무사야! 너는 숲을 어깨에 짊어지고 다니잖아."

"그럴 수도…. 어디로 가니? 같이 가자."

"그래, 같이 가자."

함께 강 아래쪽으로 갔다. 하염없이 걷던 카이니빌류는 앞에서 도토리나무 언덕이 걸어오는 것을 보았다. 언덕이 가까이 오더니 사람처럼 말했다.

"안녕, 카이니빌류! 네가 사람들이 이야기하는 무사 카이니빌류가 맞지?"

"그래! 맞아!"

"둘이 어디로 가는 거야?"

"몰라! 발길 닿는 곳으로. 재미있는 일을 찾아 강 아래쪽으로 가는 거야."

"그렇구나. 나도 너희와 함께 갈게."

"정말 좋지! 셋이 같이 가면 더 재미있을 거야."

셋이서 강 아래쪽으로 걸어갔다. 이번에는 카이니빌류를 향해 툰드라 숲이 통째로 걸어오고 있었다. 숲이 카이니빌류 앞에서 멈추니 그 안에서 거인이 불쑥 튀어나왔다.

"안녕, 카이니빌류! 유명한 무사님!"

"안녕! 나는 카이니빌류가 맞지만 무사는 아니야."

툰드라 숲을 끌고 다니는 거인이 말했다.

"나도 함께 데리고 가 줘. 너희와 같이 가고 싶어."

"그거 정말 좋지! 넷이서 가면 더 재미있을 거야."

한참을 걷고 또 걷는데 절벽처럼 큰 집이 보였다. 카이니빌류는 맨 뒤에서 걸어갔다. 그 집 근처에 가니 거인들이 말했다.

"카이니빌류야! 여기가 우리 집이야. 들어가자."

들어가니 집에는 곰 가죽을 깔아 놓은 침대가 네 개 있었다. 카이니빌류가 하도 쿵쿵거리면서 걷는 바람에 마루청이 갈라지고 말았다. 곰 가죽을 덮은 침대가 화를 내자 카이니빌류는 더 심하게 쿵쿵거렸다. 거인들은 카이니빌류가 마루청을 반으로 갈라 놓은 것을 보았다.

"어휴! 카이니빌류는 정말 못됐구나! 왜 마루청을 깨뜨렸니?"

"일부러 그런 건 아니야. 저절로 갈라졌어. 나무가 썩은 거 아닐까?"

거인들은 순간 말문이 막혔다. 카이니빌류는 주인 없는 침대를 차지하고 누웠다. 거인들이 말했다.

"거기에 누우면 안 돼! 그건 우리 주인 침대야!"

"손님한테 꼭 그렇게 말을 해야겠어?"

"우리는 이렇게 말을 할 수밖에 없어. 주인은 굉장히 무섭고 흉포하단 말이야."

"좋아, 주인이 오면 즉시 일어날게."

저녁이 되자 말이 울부짖는 소리가 들렸다. 주인이 온 것이다. 카이니빌류는 밖을 보았다. 세상에! 저렇게 큰 사람도 있다니! 게다가 옆에는 난생처음 보는 붉은색 말이 입에서 불을 뿜으며 서 있었다. 주인은 말을 묶으면서 혼자 중얼거렸다.

"어휴, 어디에서 이렇게 곰 귀 냄새가 나는 거야! 카이니빌류가 온 거 아닐까?"

카이니빌류는 이 말을 들었다. 말을 묶어 놓고 집에 들어온 주인은 마루청이 쩍쩍 갈라진 데다 카이니빌류가 자신의 침대에 벌러덩 누워 있는 모습을 보았다. 주인은 순간 너무 화가 나서 인사조차 건네지 않은 채 소리를 질렀다.

"카이니빌류! 당장 내 침대에서 내려와!"

누워 있던 카이니빌류는 주인의 청천벽력 같은 소리에도 미동도 하지 않았다. 그러자 주인이 말했다.

"야! 빨리 일어나! 카이니빌류! 저주를 받을 거야! 그렇지 않으면 내가 너를 가만두지 않겠어!"

"알았어! 친구! 처음 봤는데 그렇게 화를 내다니!"

"지금 당장 일어나지 않으면 너를 제대로 뭉개 줄 거야!"

"알았어! 하지만 그건 네 문제니까 네가 알아서 해!"

주인이 카이니빌류에게 달려들었다. 카이니빌류는 앉아서 다리를 든 채 왼 주먹으로 주인의 오른쪽 귀를 한 대 내리쳤다. 그런데 주인이 맥없이 땅에 고꾸라졌다. 마치 도끼로 내리친 것 같았다. 카이니빌류가 다시 침대에 앉자 거인들이 소리쳤다.

"왜 우리 주인을 때리는 거야?"

"저자가 먼저 내게 달려들었어. 아직 인사도 나누지 않았는데 말이야."

그러자 큰형으로 보이는 거인이 카이니빌류에게 달려들었다. 카이니빌류가 그를 한 대 내리치자 반항 한번 못 하고 맥없이 친구들이 있는 곳으로 데구루루 굴러갔다. 카이니빌류가 다시 앉자 이번에는 다른 거인이 달려들었다. 황당한 상황에 화가 난 카이니빌류는 아주 광폭하게 날뛰었다. 카이니빌류는 곰의 아들이기 때문에 힘과 심장은 곰의 것이었다. 이렇게 세 번째 거인도 죽였다. 드디어 마지막 거인이 카이니빌류에게 달려들었다. 어차피 한 명밖에 남지 않았기 때문에 카이니빌류는 아주 세게 내리쳤다. 그러자 그 자리에서 바닥에 쿵 하고 쓰러졌다. 카이니빌류는 이 거인을 발로 밟아 죽인 뒤 밖으로 나가 혼잣말을 했다.

"혹시 이 세상에 나보다 힘이 센 사람이 없는 것은 아닐까? 보다시피 내가 산만 한 거인들을 모두 죽였잖아."

강 아래쪽으로 계속 걸어가면서 혼자 중얼거렸다.

"더 재미있는 일이 있을지도 몰라."

한참을 가다 앞쪽에서 연기가 피어나는 집을 발견했다. 안으로 들어가니 할아버지가 앉아 있었다. 카이니빌류를 본 할아버지가 무척 반가운 체를 했다.

"안녕, 카이니빌류야! 어디서 오는 길이니? 네가 사람들이 이야기하는 그 카이니빌류가 맞지?"

"예, 제가 바로 그 카이니빌류예요."

"어디에서 오는 길이며 어디로 가는 길이니?"

"집에서 오는 길이에요. 강 상류에서부터 걸어왔어요. 그냥 재미있는 일을 찾아 가는 거예요."

"혹시 이 근처에서 거인들을 보았니?"

"봤어요. 함께 그들의 집까지 갔다 왔어요."

"지금 거인들은 어디에 있니?"

"자기 집에요. 저랑 무척 심하게 싸웠어요."

"도대체 왜 싸웠니?"

"그들의 집에 들어가서 제가 마루청을 밟았더니 마루청이 갈라지더군요. 거인들이 마루청을 망가뜨렸다고 제게 투덜댔어요. 그래서 제가 마루청이 썩은 것 같다고 했어요. 그뿐이 아니에요. 그곳에 침대가 네 개가 있어서 빈 침대에 누웠더니 거인들이 주인 침대니 앉지 말라고 하더군요. 왜 그러냐고 물었더니 주인이 두렵다고 했어요. 주인이 심하게 질책할 거라고 겁을 덜덜 내더군요. 그래서 제가 알았으니 어떻게든 해결을 하겠다고 했고 서로 좋게 이야기를 나누었어요. 그 이후 거인들이 저보고 어디에서 오는 거냐고 물어서 제 인생 역정을 모두 말해 주었어요. 그렇게 이야기를 나누는 사이 어둠이 깔리기 시작했어요. 갑자기 말이 우는 소리가 들려 밖을 내다보았더니 붉은 말이 입에서 불을 뿜으며 서 있었어요. 곰 귀 냄새가 나는 걸 보니 카이니빌류가 온 것 같다고 주인이 혼자 중얼거리는 소리도 들었어요. 어떻게 냄새만으로 제가 온 것을 알았을까요? 안으로 들어온 주인은 먼저 마루청이 갈라진 것을 보았고 다음에 저를 보더니 인사도 하지 않은 채 욕을 하기 시작했어요. 왜 마루청을 갈라지게 했느냐, 카이니빌류 너는 저주를 받을 거야…. 제가 인사도 하지 않고 욕부터 하는 너도 무척 나쁜 사람이라고 했죠. 그가 더 심하게 소리를 질렀어요. 당장 침대에서 일어나라고 하더군요. 안 그러면 죽여 버리겠다고 했어요. 저는 원하는 대로 하라고 했죠. 저는 그냥 침대에 누워 있었어요. 그가 저에게 달려들기에 저도 왼손을 들어 그의 오른쪽 귀를 한 대 쳤죠. 그 순간 다른 거인들도 심하게 분노하더니 차례대로 저에게 달려들었어요. 저는 누구인지 가리지도 않고 무조건 때렸죠. 모두 죽었어요. 그러고 나서 어찌하다 보니 여기까지 오게 되었어요."

할아버지는 거인들의 아버지였다.

"그래, 알았다, 카이니빌류야! 너는 무척 힘이 센 뿐 아니라 돌아다니는 것도 좋아하는구나. 하지만 앞으로 더 이상 사람은 죽이지 말거라. 너의 그 버릇을 고치려면 결혼을 하는 게 좋을 것 같구나."

"그런데 어디에서 아내를 구할 수 있을까요?"

"네게는 너처럼 힘이 센 아내가 필요하다."

카이니빌류는 말을 멈추고 곰곰이 생각에 잠겼다. 할아버지가 말했다.

"마침 너에게 알맞은 아가씨가 생각났다. 툰드라에 아름다운 아가씨가 있는데 문제는 산 구덩이 안에 살고 있단다."

"할아버지는 그 아가씨를 어떻게 알게 되었어요?"

"언젠가 산에 올라갔지. 산 정상에 구덩이가 있어서 들여다보니 꽃보다 아름다운 아가씨가 그 안에 있더구나."

"어떻게 하면 그 아가씨에게 갈 수 있나요?"

"한번 생각해 보자. 내게 긴 줄이 있단다. 내가 이 줄에 너를 묶어 구덩이 속으로 내려보내마. 네가 아가씨를 이 줄에 묶으면 내가 끌어 올릴게. 그리고 다시 줄을 내려보내면 네가 줄을 타고 올라오면 돼."

줄을 가지고 출발했다. 산에 올라갔더니 정말 구덩이가 있었다. 안을 들여다보았으나 너무 어두워 아무것도 보이지 않았다.

"할아버지! 아무것도 안 보여요?"

"아가씨가 한쪽 귀퉁이로 물러나 있나 보구나. 그 안은 정말 넓단다. 자, 아래로 내려가거라. 내려가면 금방 찾을 수 있을 게다. 만일 아가씨가 없으면 다시 끌어 올려 주마. 혼자 텅 빈 곳에서 뭐 하겠니?"

어쩌겠는가! 카이니빌류는 그렇게 하겠다고 했다.

"알았어요. 저를 줄에 묶어 내려 보내 주세요."

할아버지는 카이니빌류의 겨드랑이 아래쪽에 줄을 묶고는 구덩이 속으로 내려보내기 시작했다. 줄이 밑으로 내려가자마자 할아버지가 줄을 끊으면서 카이니빌류는 아래로 붕 하고 날아갔다. 오랫동안 날아가 마침내 땅에 쿵 떨어졌다. 위쪽을 보니 누군가 바늘로 어둠을 찔러 놓은 것처럼 아득하게 보였다. 알고 보니 노인이 카이니빌류를 속인 것이었다. 노인은 카이니빌류가 아들들을 죽인 데 대한 보복으로 카이니빌류를 죽이기로 작정했다.

카이니빌류는 구덩이 속을 한참 걸어 다니면서 입구를 찾았지만 도무지 찾을 수가 없었다. 하는 수 없이 한 줄기 하얀 빛이 아스라이 비치는 곳에 가서 소리쳤다.

"이봐요! 누가 나를 꺼내 줘요!"

아무도 대답이 없었다. 카이니빌류의 말은 공허한 메아리가 되어 카이니빌류에게 되돌아왔다. 카이니빌류는 구덩이 속에서 이틀을 보냈다. 물 한 모금 마시지 못한 카이니빌류는 점점 힘이 빠졌다. 불행 중 다행인 것은 카이니빌류가 곰의 아들이라는 것이다. 그냥 사람이었다면 이미 배고픔을 견디지 못하고 초주검이 되었을 것이다. 카이니빌류는 구덩이 속에서 곰곰이 생각했다.

'조만간 죽겠구나. 그래서 아버지가 한번 떠나면 다시는 아버지에게 돌아오지 못할 수도 있다고 했구나. 아버지 말을 듣지 않고 너무 멀리까지 왔어. 그러다 이런 불행에 빠진 거야.'

갑자기 위에서 누군가의 아주 작은 목소리가 들렸다.

"안녕! 카이니빌류! 거기서 지금 뭐 하고 있니?"

카이니빌류는 너무 놀라 처음에는 대답도 하지 못했다. 위에서 까만 점이 아른거리는 것처럼 보일 뿐, 아무것도 보이지 않았다. 또 같은 목소리가 들려왔다. 카이니빌류는 이번에는 대답을 했다.

"배가 고파서 곧 죽게 될 거야. 웬 노인이 나를 이곳에 빠뜨렸어."

"집에 가고 싶겠구나?"

"너무너무 가고 싶어! 그런데 이곳을 빠져나갈 방법이 없어."

"알았어! 나를 믿어 봐. 내 줄에 너를 묶어 끌어당겨 볼게."

"좋아! 그렇게 해 줘! 정말 너무너무 밖으로 나가고 싶어!"

"자, 잘 봐! 줄을 내려보낼게. 너는 구멍 바로 아래 서 있다가 내가 시키는 대로 하면 돼."

카이니빌류는 목소리가 시키는 대로 고분고분 따랐다. 키이니빌류가 구멍 바로 밑에 자리를 잡고 서자 목소리가 위에서 말했다.

"자, 이제 끈을 내려보낼게. 줄을 겨드랑이 아래에 단단히 묶어."

카이니빌류는 목소리가 시키는 대로 했다. 줄을 겨드랑

이 아래쪽에 단단히 묶었다. 목소리가 다시 말했다.

"그래 어때? 잘 묶었어?"

"응, 잘 묶었어."

누군가 자신을 위로 끌어 올린다는 느낌이 들었다. 밖으로 나와 주위를 둘러보았지만 아무도 없었다.

'혹시 내가 죽은 건 아닐까? 아니면 누군가 나를 구해 주는 꿈을 꾼 것 아닐까?'

그 순간 갑자기 구멍 언저리에서 아주 작은 목소리가 들렸다.

"내가 너를 구해 줬어."

카이니빌류가 그곳을 보니 아주 작은 거미가 앉아서 말을 하고 있었다. 거미를 보는 순간 죽음에서 살아났다고 확신한 카이니빌류는 하늘을 훨훨 날아갈 만큼 기쁜 마음에 탄성을 실렀다.

"이제 보니 네가 나를 구해 줬구나!"

"그래! 내가 구해 줬어!"

"네게 무엇으로 보답을 하면 좋을까? 나를 죽음에서 구해 줬잖아."

"보답은 안 해도 돼. 네가 살아난 것만으로도 나는 기뻐."

"알았어! 언젠가는 네게 보답을 할 날이 오겠지."

즉시 할아버지의 집으로 달려갔다. 자신을 죽이려 한 할아버지에 대한 분노가 머리끝에서 발끝으로 오르락내리락 춤을 추었다. 분노를 걷잡을 수가 없었다. 집 안으로 들어가 문을 뜯어 툰드라 쪽으로 광폭하게 내던졌다. 노인이 카이니빌류를 보고 기쁜 체를 했다.

"이봐! 카이니빌류! 돌아왔구나!"

카이니빌류는 대답도 하지 않고 노인에게 달려들어 다리를 잡고는 벽에 내리쳤다. 그 자리에서 노인의 뼈가 산산조각 났다. 그러고 나서 솥을 걸 때 쓰는 갈고리에 갈비뼈를 꿰어 집 안에 걸어 두고 집에 불을 지른 뒤 떠났다. 아버지에게 가기로 결심했다. 한참을 가니 바로 지척에 마을이 보였다. 카이니빌류는 아버지를 만나게 된다는 생각에 가슴이 두근거렸다.

"드디어 집에 왔구나!"

마을에 도착해서 집으로 가는데 거리에 웬 노인이 누워 있어 옆에 가서 인사를 나누었다.

"누구세요? 왜 여기에 누워 계세요? 일어나세요."

노인이 일어났다. 카이니빌류가 자세히 들여다보니 아버지였는데 눈이 없었다.

"아버지! 어쩌다 눈이 이렇게 되었어요?"

"세상에, 카자크인들이 결혼 잔치를 하면서 내 눈을 빼갔단다. 그자들은 지금 우리 집에 있단다."

아버지와 함께 집으로 간 카이니빌류가 아버지에게 말했다.

"아버지는 밖에서 기다리세요. 내가 먼저 들어가겠어요."

카이니빌류가 집 안으로 들어가자 카자크인들은 혼이 빠질 정도로 놀랐다. 그들은 카이니빌류가 오리라고는 꿈에도 생각하지 못했다. 그들은 카이니빌류와 이야기를 나누려고 했지만 카이니빌류는 아무 이야기도 들으려 하지 않았다. 그들에게 달려들어 한꺼번에 다리를 잡고 벽에 대고 두들겨 팼다. 손과 다리가 부러지자 밖으로 내던졌다. 그리고 아버지를 집 안으로 데리고 와서 침대에 앉혔다. 카이니빌류는 갑자기 아버지가 돌아가시지나 않을까 두려웠다. 아버지에게 물었다.

"아버지! 눈을 만드는 약에 대해 들어 본 적 있어요?"

"언젠가 담즙이 눈 만드는데 특효약라고 들었다. 하지만 구할 수가 없다고 하더라. 그 약을 구한 사람들은 모두 집으로 돌아오지 못했다고 하더구나. 옆집 노인에게 가서 이 약을 구할 수 있는 방법이 있는지 한번 물어보고 오너라. 그 노인은 알 수도 있단다."

카이니빌류는 옆집으로 갔다.

"안녕! 카이니빌류! 어디서 오는 길이니?"

"멀리까지 갔다가 얼마 전에 돌아왔어요. 약에 대해 물어

보려고 왔어요. 혹시 눈을 만드는 약에 대해 알고 있나요?"

"그럼! 알고 있지. 하지만 구할 수가 없단다. 숱하게 많은 무사들이 그 약을 구하러 갔지만 집으로 돌아온 사람은 한 사람도 없단다."

"왜요?"

"글쎄다…. 옛날 노인들이 오크니세라는 사람의 이야기를 하더구나."

"오크니세는 왜요?"

"오크니세의 머리는 불로 만들어졌단다. 오크니세의 간에 있는 담즙이 바로 눈을 만드는 약이란다."

"그걸 어떻게 구할 수 있죠?"

"오크니세를 죽이고 간에서 아주 조심스럽게 꺼내야 한단다. 그리고 담즙이 흐르지 않게 담낭의 목을 아주 꽉 묶어야만 해."

"만에 하나 흐르게 되면요?"

"담즙이 흐르게 되면 불이 붙으면서 네가 죽고 오크니세가 다시 살아난다고 하더구나."

"오크니세를 죽이려면 어떻게 해야 하죠?"

"네가 간다고 하면 세상에서 가장 큰 칼을 주마. 그걸로 찌르면 된다. 칼을 아주 날카롭게 갈아 두어라. 자, 받아라."

"알겠습니다. 가겠습니다. 그런데 어디로 가야 되죠?"

"해가 지는 곳으로 곧장 가거라. 오랫동안 걸어가야 한다. 무척 멀단다. 쭉 가다 보면 적토가 보일 것이다. 바로 거기가 오크니세가 사는 곳이란다. 집이 보이면 지체하지 말고 이 집으로 달려가거라. 집에서 오크니세가 나오는 순간 달려들어야 한다. 오크니세의 머리는 불이지만 전혀 두려워할 필요가 없다. 오크니세가 너에게 달려와서 주위를 어슬렁거릴 것이다. 그러면 집에 가서 이야기하자고 해라. 오크니세의 집까지 혼신의 힘을 다해 달려가야 한다. 조금이라도 꾸물거리는 기미를 보이면 오크니세가 너를 그 자리에서 태워 버릴 것이다.

오크니세의 집에 들어가면서 문의 숫자를 세어야 한다. 문은 틀림없이 열 개일 것이다. 문 열 개를 통과한 뒤 멈추어 서서 칼을 꺼내라. 오크니세가 열 번째 문에 고개를 내미는 순간 단칼에 오크니세의 첫 번째 경추를 베어라. 오크니세가 땅에 쓰러지면 즉시 배를 갈라 간을 꺼낸 다음 담낭을 꺼내야 한다. 아주 신속하게 처리해야 한다는 사실을 명심해라. 담낭을 꺼낸 뒤 자루에 넣고 집에서 빠져나와서 발이 보이지 않을 정도로 빨리 달려야 한다. 조금이라도 지체하면 불이 너를 에워싸면서 너는 그대로 불에 타 죽게 될 것이다."

노인의 이야기가 끝났다. 카이니빌류는 집에 가서 아버지에게 노인에게 들은 이야기를 낱낱이 들려주었다. 아버지가 말했다.

"아이고! 카이니빌류야! 너를 보내 주면 다시는 집으로 돌아오지 못할 것 같구나. 오크니세가 너를 불에 태워 죽이고 말 것이야."

"옆집 노인이 시키는 대로만 하면 아무 일도 일어나지 않을 거예요."

"그렇다면 알았다. 갔다 오너라. 단 노인의 말을 명심해라."

카이니빌류는 가면서 먹을 음식과 노인이 준 큰 칼을 가지고 노인이 말한 곳으로 떠났다. 한참을 걸었다. 정말 먼 길이었다! 드디어 적토가 보였다.

"세상에! 목적지에 도착한 것 같은데."

조금 더 걸어가니 작은 집이 보였다.

"저게 오크니세의 집인가 보군."

집에서 남자가 뛰어나와 카이니빌류를 향해 돌진해 왔는데 정말로 머리는 불이었다. 카이니빌류도 남자를 향해 달려갔다. 드디어 만났다. 오크니세가 카이니빌류의 주위를 어슬렁거리기 시작했다. 카이니빌류는 노인이 시킨 대로 이 말만 했다.

"집에서 이야기하자!"

카이니빌류는 혼신의 힘을 다해 오크니세의 집으로 달려

갔다. 오크니세도 있는 힘을 다해 카이니빌류를 쫓아왔다. 카이니빌류가 왼손으로 오크니세를 치자 오크니세의 폐가 공처럼 날아가더니 땅에 툭 떨어졌다. 카이니빌류는 더 속도를 내어 쏜살같이 집 안으로 달려 들어가 문을 셌다. 카이니빌류는 아홉 번째 문을 지나 열 번째 문 뒤에 숨어 한 손에는 칼을 쥐고 한 손으로는 문을 잡고 있었다. 단단히 준비를 한 뒤 오크니세가 머리를 내미는 순간 칼로 오크니세의 첫 번째 경추를 베었다. 그러자 머리의 불이 꺼졌다. 카이니빌류는 그 즉시 오크니세의 배를 칼로 갈라 간을 꺼낸 뒤 담낭을 꺼내 단단히 묶고 자루에 넣어 밖으로 달려 나왔다.

밖에 나와서 보니 양쪽에서 불덩이 두 개가 카이니빌류를 향해 돌진하고 있었다. 카이니빌류는 전속력으로 달렸다. 뒤쪽에서 불덩이 두 개가 합쳐지더니 맹렬한 기세로 카이니빌류를 쫓아왔다. 노인의 이런 말이 카이니빌류에게 무척 도움이 되었다.

"뒤에서 불이 쫓아와도 두려워하지 말거라! 오히려 더 빨리 달려야 된다! 불들이 너를 쫓아오다 보면 어느새 적토가 끝날 것이고 그러면 불도 자연히 꺼질 것이다. 그때부터는 아주 편안한 마음으로 집으로 걸어오면 된다."

카이니빌류는 이 말을 기억하고 있었기 때문에 적토를 되도록 빨리 통과하려고 이를 악물고 전속력으로 달렸다.

드디어 적토가 끝났다. 뒤를 돌아보니 불은 이미 꺼지고 없었다. 편안한 마음으로 걸어오면서 생각했다.

'어휴, 위험천만한 상황을 잘 넘겼어.'

이미 집이 가까워졌다. 카이니빌류는 불쑥 아버지가 자신을 기다리지 못하고 돌아가셨을지 모른다는 불안에 휩싸였다. 마침내 마을에 도착해 서둘러 집에 들어가니 아버지는 살아 계셨다. 세상에! 카이니빌류를 본 아버지는 너무 기쁜 나머지 하염없이 눈물을 흘렸다.

"카이니빌류가 돌아왔구나! 중간쯤 가다 그냥 돌아왔겠지?"

"왜 중간쯤 가다 그냥 돌아와요? 오크니세에게 갔다 왔죠. 그를 죽이고 간에 있는 담낭을 가지고 왔어요. 그런데 어떻게 사용하는 거죠?"

아버지는 아까보다 한층 더 기뻐했다.

"노인에게 가서 물어보고 오너라. 아마 알고 있을 것이다."

카이니빌류가 옆집 노인에게 가니 노인은 놀라는 기색을 감추지 못했다.

"카이니빌류야! 어디서 구했니? 우리는 네가 돌아오지 못할 것이라고 생각했어. 오크니세가 너를 죽일 거라고 생각했단다."

"할아버지! 감사합니다! 제게 하신 말들이 모두 사실이었어요. 저는 할아버지의 말씀을 아주 철저하게 지켰답니다. 결국 오크니세를 죽였어요. 정말로 오크니세의 간에는 담낭이 있었어요. 가지고 왔는데 어떻게 사용하는지 모르겠어요."

"옛날 노인들이 말씀하시길 담즙을 깨끗한 작은 숟가락에 담아 눈 주위에 바르고 자면 된다고 하더구나. 아침에 일어나면 눈이 다시 생긴다고 하던데…."

카이니빌류는 집으로 갔다. 이미 어둠이 짙어졌다. 아버지에게 말했다.

"노인이 말씀하셨어요. 담즙을 깨끗한 작은 숟가락에 담아 눈 주위에 바르고 자면 된대요. 아침에 일어나면 눈이 다시 생길 거래요."

"그래, 한번 해 보자. 이 담즙이 정말로 눈 만드는 데 탁월한 효과가 있을지도 모르지."

카이니빌류는 아버지를 씻기고 얼굴을 위로 해 침대에 누인 뒤 작은 숟가락에 담즙을 담아 눈 주위에 발라 주었다. 아버지는 곧 잠이 들었다. 눈에 통증은 느끼지 못하는 것 같았다. 아침에 잠에서 깨어나 눈을 떴는데 세상이 환하게 보였다. 눈을 다시 되찾았다. 꿈이라고 생각했다. 아버지가 소리를 지르면서 아들을 깨웠다.

"아들아! 일어나서 나를 봐! 정말로 내게 눈이 있니?"

잠에 취한 카이니빌류는 놀라서 벌떡 일어났다. 아버지는 정말로 예전과 다름없는 모습이었다.

"아버지, 정말로 눈이 다시 생겼어요!"

그제야 아버지는 자신에게 일어난 일을 실감했다. 이후 카이니빌류는 아버지를 극진히 보살폈고 행복하게 살았다.

## 곰 굴에서 겨울잠을 잔 목동

목동이 눈보라를 만나 길을 잃고 헤매다 본의 아니게 곰 굴에 들어가게 되었다. 곰이 말했다.

"이봐, 안녕! 어디로 가는 길이야?"

"아주 상황이 안 좋아. 눈보라를 만났어."

"집이 어딘데?"

"잘 모르겠어. 길을 잃었어."

"좋아! 덧신과 모자를 벗고 이제부터 나랑 잠을 자자!"

곰과 목동은 오랫동안 함께 잤다. 잠에서 깨어나자 곰이 물었다.

"집에는 누가 있어?"

"아내와 어린 아들이 있어. 그리고 나이 든 부모님도 있어. 부모님은 내가 죽은 줄 알고 슬픔에 잠겨 하염없이 울고 계실 거야."

다시 잠이 들었다. 곰과 목동은 겨울 내내 잠을 잤다. 봄이 되어 곰이 굴 밖으로 나갔다. 목동이 밖에 나가니 곰이 말했다.

"이봐, 친구! 일어났군. 날이 밝았어. 밖은 따뜻해."

"더 자고 싶어! 하지만 일어나야겠지. 그런데 내 스키는 어디에 있어? 분명히 여기에 뒀는데….”

“이봐 친구! 무슨 말이야! 이미 오래전에 여우가 먹었지.”

“뭐? 그런데 우리 집은 어디쯤일까?”

“아주 가까워.”

“겨우내 굶었더니 배가 고파.”

“잠깐만 기다려.”

곰은 굴에 들어가 자신의 넓적다리를 잘라서 가지고 나왔다.

“이봐, 친구! 고기야!”

“어? 그런데 이제 보니 우리 집이 바로 옆이구나!”

목동은 고기를 가지고 한달음에 집으로 달려가서 부모님에게 곰과 함께 겨울잠을 잔 이야기를 들려주었다.

## 게으름 때문에 약혼자를 잃은 레라

어느 날 열매를 모으러 간 티니예네부트는 광주리가 가득 넘칠 정도로 열매를 무척 많이 모았다. 그러다가 뜻하지 않게 집에서 멀리 떨어진 곳으로 가게 되었다. 조금 더 가니 갑자기 넓게 확 트인 초원이 눈앞에 펼쳐져 지친 몸을 달래며 잠시 쉬고 있는데 불쑥 암곰이 티니예네부트에게 달려들었다. 암곰은 티니예네부트의 멱살을 잡더니 땅에 내동댕이쳤다. 티니예네부트는 눈이 튀어나올 정도로 심하게 아팠지만 아무 말도 하지 않은 채 그냥 조용히 있었다. 갑자기 암곰이 말했다.

"나와 함께 우리 집으로 가야 돼!"

티니예네부트는 곰의 말에 순순히 따랐다. 곰의 집에 도착하니 곰이 말했다.

"열매로 음식을 준비하고 생선 대가리는 따로 잘라 두도록 해!"

티니예네부트는 자신이 모은 열매로 음식을 만들었는데 얼마나 많은지 큰 그릇이 넘치기 일보 직전이었다. 그다음 티니예네부트는 생선 대가리를 잘랐다. 일을 모두 끝내자 암곰이 티니예네부트에게 말했다.

"저녁이 되면 오빠들이 돌아올 거야. 전혀 무서워할 필요 없어. 내 방에서 아무 소리도 내지 않고 조용히 있으면 돼."

티니에네부트는 이번에도 암곰의 말을 순순히 따랐다. 암곰의 방에 들어가서 조용히 누워 있었다. 어스름이 내려오자 곰 세 마리가 집에 왔다. 곰들은 집에 들어올 생각은 하지 않고 발로 땅을 긁으면서 여동생에게 물었다.

"어째서 우리 집에서 사람 냄새가 나느냐?"

"예전에 사람을 구웠던 불 위에서 구르고 놀았더니 사람 냄새가 집까지 따라왔나 봐."

오빠들은 그제야 안심하면서 집 안으로 들어왔다. 여동생은 오빠들에게 음식을 내놓았다.

"오늘은 먹을 게 무척 많구나. 세상에! 생선 대가리도 준비했네! 이게 무슨 일이니?"

"오늘은 날씨가 맑아서 열매가 눈에 잘 띄던데…. 그래서 다른 날보다 열매를 더 많이 모았지 뭐. 게다가 오늘은 이도 아프지 않더라고. 그래서 생선 대가리를 평소보다 더 많이 잘랐어."

곰들은 배불리 먹은 뒤 잠자리에 들 준비를 했고 여동생은 오빠들의 잠자리를 펴 주었다. 그 시각 티니에네부트는 여동생의 방에서 숨죽이고 누워 있었다. 무척 무서웠다. 온몸에 전율이 흘렀다. 곰이 돌아오기 전, 티니에네부트는 오빠 곰들이 집에서 신는 가죽신을 부드럽게 문질러 놓았다. 곰들은 자는 내내 발이 편하다고 느꼈다. 여동생은 오빠들이 자리에 눕는 걸 보고 나서야 자기 방으로 들어와 티니예네부트 옆에 누웠다. 이른 아침 동이 트자 여동생이 티니예네부트를 깨우면서 말했다.

"오빠들은 아직 자고 있어. 그러니 소리 내지 말고 살짝 가도록 해. 그런데 밖에 나가기 전에 해가 뜨는 방향으로 오빠들 주위를 한 바퀴 돌도록 해. 그리고 문 바로 옆에 있는 오빠를 발로 살짝 건드려."

티니예네부트는 자고 있는 곰들 주위를 해가 뜨는 방향으로 한 바퀴 돌고 나서 문 바로 옆의 곰을 발로 살짝 건드렸다. 곰은 잠시 으르렁거리긴 했지만 잠에서 깨지는 않았다. 그 뒤 여동생이 티니예네부트에게 이 길을 따라 똑바로 가면 집이 나온다고 일러 주면서 덧붙였다.

"곰이 네 뒤를 따라가더라도 절대 놀라거나 소리치면 안 돼."

티니예네부트는 곰이 가르쳐 준 길을 따라 집으로 갔다. 높지 않은 구릉 옆에 서서 주위를 둘러보니 아닌 게 아니라 곰 한 마리가 뒤를 쫓아오고 있었다. 티니예네부트는 여동생의 충고가 떠올라서 도망가지 않았다. 티니예네부트를 쫓아온 곰은 갑자기 티니예네부트의 다리를 쳐서 땅에 쓰러뜨린 뒤 땅에 굴리기 시작했다. 티니예네부트는 반항하지 않고 곰이 시키는 대로 묵묵히 있었다. 그 순간 느닷없이 아기 울음소리가 들렸다. 티니예네부트는 아이를 낳았고 곰은 멋진 청년으로 변했다. 청년은 티니예네부트를 아내로 맞이해 집으로 데리고 가서 함께 살기 시작했다.

겨울이 되었다. 티니예네부트는 겨울을 대비해 따뜻한 옷을 준비했다. 다시 곰이 된 남편은 따뜻한 썰매를 만든 뒤 티니예네부트의 부모님인 쿳킨냐쿠와 미티를 찾아뵐 채비를 했다. 아들은 썰매에 태우고 부부는 걸어서 갔다. 티니예네부트 부모님의 집에 도착할 무렵 곰은 다시 젊은 남자로 변신했다. 부모님은 딸 가족을 매우 반갑게 맞아 주었다. 어스름이 내려왔다. 여동생 레라가 언니에게 물었다.

"언니! 어디서 저렇게 멋진 남편을 구했어?"

티니예네부트는 열매를 따러 툰드라에 갔다가 생긴 일을 자세하게 들려주었다. 옳거니! 나도 그렇게 해야겠다! 레라도 툰드라로 갈 채비를 했다. 티니예네부트는 툰드라에서 암곰을 만나면 암곰의 말에 순종하라고 단단히 일러두었다. 언니의 말을 충분히 듣고 나서 툰드라로 간 레라는 언니가 암곰을 만났다는 곳에 가서 우두커니 앉아 있었다.

갑자기 암곰이 오더니 레라를 때리면서 땅에 굴린 다음 자신의 집으로 데리고 가서 오빠 곰들을 위해 음식을 준비하라고 했다. 레라는 게을렀다. 열매를 조금밖에 모으지 못했다. 음식이라고는 하지만 열매가 거의 없어 맛이 없었다. 생선 대가리도 조금밖에 자르지 못했다. 암곰이 레라에게 오빠들이 편안하게 잘 수 있게 신발을 부드럽게 문지르라고 했다. 레라는 신발을 대충 몇 번 문지르고 그만두었다. 암곰이 레라에게 오빠 곰들이 집에 와도 놀라지 말라고 경고를 했다. 또 아침에 해가 뜨는 방향으로 곰들의 주위를 한 바퀴 돌고 문 옆의 곰을 발끝으로 살짝 건드린 뒤 집으로 돌아가라고 했다.

밤이 되었다. 곧 오빠들이 왔고 이번에도 여동생에게 왜 집에서 사람 냄새가 나느냐고 물었다. 여동생은 전에 사람을 구웠던 불 위에서 구르고 놀았더니 사람 냄새가 남아 있는 것이라고 둘러댔다. 오빠들이 앉아서 먹기 시작했다.

"무척 맛있구나. 그런데 어째서 열매가 이렇게 적니? 오늘은 생선 대가리도 별로 없구나."

"오늘은 날씨가 너무 나빠서 열매가 아예 보이지 않았어. 게다가 오늘은 이가 너무 아파 생선 대가리도 조금밖에 자르지 못했어."

오빠 곰들은 식사를 마치고 자려고 누웠다. 여동생 곰의 방에 있던 레라는 오빠 곰들이 오줌 누는 소리에도 자지러지게 놀랐다. 이른 아침 레라는 살그머니 밖으로 나간 뒤 집으로 줄행랑을 쳤다. 높지 않은 구릉 옆에서 보니 곰이 쫓아오고 있었다. 놀란 레라는 소리를 질렀다. 곰이 레라를 땅에 대고 굴리자 더 크게 소리를 질렀다.

"아이고! 도와주세요! 으악! 저를 죽이려 해요!"

이 소리를 들은 오빠 예멤쿠트네크와 시시신이 달려와 활을 쏘아 곰을 죽였다. 죽은 곰의 가죽에서 멋진 청년이 뛰어나오더니 산으로 달려갔다. 레라는 슬피 눈물을 흘리면서 청년을 죽인 오빠들을 원망했다. 오빠들이 말했다.

"도대체 왜 우는 거니? 우리가 너를 죽였니? 우리는 네가 소리를 질러서 너를 죽이려던 곰을 대신 죽여 준 것뿐이야!"

레라는 오빠들에게 심하게 화를 냈다. 도대체 어쩌란 말인가! 결국 게으르고 제멋대로인 데다 남의 말을 무시하는 레라는 약혼자를 잃었다.

## 여우, 바다표범, 평화주의자 곰

아주 먼 옛날의 일이다. 당시 코랴크인은 금발이었고 눈동자는 파란색이었으며 키가 컸다. 당시 코랴크인은 폭풍우가 심하게 몰아쳐도 위험하지 않고 원하는 시간에 언제든지 사냥과 어로를 할 수 있는 작은 만에 모여 살았다. 코랴크인은 많지 않았지만 배고픔이 무엇인지 몰랐다. 먹을거리가 넘쳐 났다. 밤에도 긴 작살로 큰 물고기를 잡는 일이 많았기 때문에 밤에도 배가 바다에 떠 있었다. 이럴 때면 마을 사람 모두 해변에 모여 모닥불을 피웠다. 코랴크인은 항상 신선한 생선만 먹었기 때문에 아픈 사람이 없었다. 모두 장수했으며 자신과 다른 사람을 위해 일하는 것을 즐겁고 기쁘게 생각했다.

당시는 동물도 많았기 때문에 동물들끼리 서로 싸우는 일이 잦았다. 그래서 툰드라, 산, 바다에 경계를 만들었다. 어느 날 토끼와 바다표범이 서로 원수가 되었다. 토끼 밀류트가 해변에서 해초를 모으고 있는데 어린 바다표범이 째지는 소리로 울어 대는 갈매기와 파도타기를 하면서 놀고 있었다. 토끼를 발견한 바다표범이 소리쳤다.

"밀류트! 두려워하지 마! 우리 해초를 마음껏 따 가도 돼!"

토끼는 귀를 쫑긋 세워 바다표범의 말을 들은 뒤 마구 비웃었다.

"해변에 있는 해초는 너희 것이 아니라 우리 것이야. 바다에 있는 해초만 너희 것이야. 나는 남의 해초에는 관심 없어. 그러니 내가 해초를 따든 말든 너 같은 조그만 바다표범이 왈가불가할 일은 아니야. 그리고 해초를 주는 건 네가 아니라 바다야. 이 멍텅구리 바보야!"

바다표범이 토끼에게 부르르 화를 내면서 더 큰 소리로 날뛰었다. 바다표범 할머니 칼라가 이 소리를 듣고 물 밖으로 나와 손녀에게 물었다.

"아이고! 손녀야! 왜 이렇게 소리를 지르니? 오늘같이 날씨가 따뜻할 때는 물 안에 있으면 안 돼. 해변에서 햇볕을 쪼여야지. 이리 오너라. 함께 모래사장에 누워서 평화로운 바다의 노랫소리를 듣자꾸나. 이 노래는 어린이들을 행복하고 건강하게 만들어 준단다."

"밀류트가 저를 기분 나쁘게 했어요. 밀류트가 우리 해초를 먹어요. 툰드라로 가라고 하세요! 자기 집이 그곳에 있는데 왜 자꾸 우리가 있는 곳에 오는지 모르겠어요."

할머니는 토끼에게 심하게 화를 냈다. 앞으로 손녀를 기분 나쁘게 하지 못하도록 따끔한 맛을 보여 주고 단단히 혼을 내 줄 작정이었다. 하지만 밀류트는 한 발짝도 물러서지 않았고 자신이 옳다고 대들었다. 정말로 토끼는 바다에 떠다니는 해초가 아니라 해변에 떠내려온 해초만 먹기 때문에 토끼의 항변대로 이 해초는 절대 바다표범의 것이 아니다. 이 해초는 누구의 것도 아니다. 토끼는 칼라 할머니가 물 밖으로 나와 자신을 쫓아내려 한다는 사실을 눈치챘다. 할머니는 그러지 않아도 큰 입을 최대한 크게 벌려 이빨로 물어뜯는 시늉을 했다. 토끼는 손을 흔들면서 할머니에게 돌을 던졌다. 돌이 할머니의 머리에 명중하면서 할머니가 그 자리에서 숨 한번 못 쉬고 죽었다. 파도가 밀려오면서 파도 꼭대기에 올라간 손녀는 할머니가 맥없이 죽어 있는 모습을 보았다.

"어머! 어떻게 해!"

바다표범은 엉엉 울면서 바닷속으로 들어갔다. 할머니 칼라는 바다표범 집이 있는 작은 섬의 해변으로 떠내려갔다. 그곳에서 할아버지 니비트가 자고 있었다. 할아버지는 밤새 집 안에 모닥불을 피우면서 가족들을 따뜻하게 해 주느라 한숨도 못 잤다. 니비트는 너무 늙어서 이미 바다에서 사냥을 할 수 있는 나이가 아니었다. 니비트는 집에 불이 꺼지지 않게 하고 가족의 사냥을 방해하지 않는 것으로 만족했다. 아침에 모두 사냥을 나가자 그제야 누워서 설핏 잠이 들었다. 손녀 바다표범이 집 안으로 들어와 할아버지를 깨웠다.

"할아버지! 빨리 일어나요! 토끼가 할머니를 죽였어요. 지금 해변에서 해초를 먹고 있어요. 토끼가 우리 해초를 다 먹어 버리면 물고기들이 다른 곳으로 떠날 거잖아요. 그러면 우리는 굶어 죽게 돼요. 토끼를 죽여야 해요."

할아버지 니비트는 토끼가 해초를 먹었다는 해변으로 가서 콧김을 세게 불었다. 토끼를 발견한 할아버지가 소리를 질렀다.

"이리 와라! 한판 붙자!"

"싫어요! 할아버지가 이리로 오세요!"

"나는 땅에서는 싸울 수가 없다!"

"저는 물에서는 싸울 수가 없어요! 할아버지가 이리 오세요. 할아버지가 나보다 더 크니까 할아버지가 이리 오는 게 맞지요."

할아버지가 해변으로 기어갔다. 할아버지는 토끼가 아내를 죽였기 때문에 토끼를 죽여야만 했다. 밀류트는 이번에도 교묘하게 기회를 엿보다가 돌을 던졌다.

"아이고 아파라!"

할아버지가 울부짖으며 땅에 고꾸라졌는데 그냥 그 자리에서 어이없이 죽고 말았다. 어린 바다표범은 파도에 몸을 맡긴 채 할머니 할아버지를 부르면서 하염없이 눈물을 흘렸다. 할머니 할아버지는 이미 죽었기 때문에 더 이상 자신에게 올 수 없다. 엄마 아빠는 사냥 중이다. 따라서 지금 자신의 편을 들어 줄 사람은 아무도 없다.

사냥에서 돌아온 아빠는 딸에게서 토끼가 할아버지 할머니를 죽였다는 이야기를 들었다. 토끼에게 분노한 아빠는 얼마나 화가 치밀었는지 얼음 위를 날아갔다. 아빠가 얼마나 빨리 그리고 세게 힘을 주면서 날아갔는지 밑에 있던 얼음이 쩍쩍 소리를 내면서 갈라졌다. 그 순간 얼음 조각이 토끼의 이마로 쌩하고 날아갔다. 토끼가 그 충격으로 저쪽으로 날아가더니 죽은 채로 땅에 뒹굴었다. 아빠는 토끼에게 기어가서 귀를 깨물어 잘라 낸 뒤 바다로 돌아갔다. 아빠는 딸에게 토끼의 귀를 주었다.

"딸아, 여기 있다! 우리가 토끼를 이겼다. 토끼가 더 이상 너를 비웃는 일도, 우리의 해초를 훔쳐 먹는 일도 없을 것이다. 이 귀를 잘 보관해라. 다른 토끼들이 해초를 먹으러 해변에 오면 토끼의 귀를 보여 주거라. 그럼 기겁해서 뒤도 안 돌아보고 달아날 것이다."

토끼는 죽은 채 해변에 누워 있었다. 밀류트의 이웃에 사는 여우가 해변에 나왔다가 이 비극적인 광경을 보게 되었다. 여우는 토끼가 너무 불쌍하고 가여웠다. 여우는 툰드라로 달려가 토끼의 귀를 닮은 풀잎을 찾아 귀 대신 붙여 놓았다. 그러자 토끼가 금방 살아나더니 하늘을 날듯이 기뻐했다.

토끼와 여우는 바다표범 할머니 할아버지를 집으로 끌고 갔다. 손님들을 부르고 고기를 삶아 밤새 먹었다. 여우가 모든 동물들에게 토끼가 아주 큰 바다표범도 두려워하지 않고 죽이는 훌륭한 사냥꾼이라고 자랑을 했다. 백곰 카이닌만은 다른 동물들과 달리 전혀 기뻐하지 않았다. 그는 동물들이 서로 싸우는 것도, 다른 동물을 쫓아내는 것도 못마땅하게 생각했다. 카이닌은 동물들이 배가 불러 완전히 지칠 때까지 기다렸다. 마침내 동물들은 먹기 싫다는 듯 음식을 코로 쪼기 시작했다. 그 순간 카이닌이 바다표범 할머니 할아버지를 살려서 바다로 다시 보내자고 했다. 바다는 얼마나 넓은가! 그냥 살게 하자! 바다와 해변은 모든 동물이 살고도 남을 만큼 넓지 않은가! 동물들은 손을 흔들면서 곰의 제안에 선선히 동의했다. 동물들은 푸짐하고 맛있는 음식과 따뜻함으로 행복에 취해 있었다. 동물들은 싸울 생각이 전혀 없었다.

아침에 잠에서 깬 동물들은 생각해 보니 바다표범 할머니 할아버지가 불쌍하고 가여웠다. 그들은 아주 어린 시절부터 이 할머니 할아버지를 익히 알고 있었다. 곰은 죽은 바다표범을 살리는 방법을 알고 있었다. 모두 바다표범 노인들을 살리는 데 정신을 집중했다.

동물들은 바다표범 뼈를 묶은 뒤 바닷물에 들어가도 춥지 않도록 바다표범 기름을 부었다. 그리고 생각하는 능력이 살아나도록 골수로 문지른 뒤 풀에 둘둘 싸서 바다에 던졌다. 바다가 바다표범 할머니 할아버지에게 생명을 불어넣자 할머니 할아버지가 살아났다. 다시 살아난 할머니 할아버지는 덩실덩실 어깨춤을 추면서 바닷속으로 떠났다. 토끼와 여우는 기쁨에 겨워 북을 치고 어깨춤을 추면서 바다표범에게 소리쳤다.

"앞으로는 사이좋게 지내요!"

바다표범들은 뒤를 돌아보면서 지느러미를 흔들었다. 마치 "그래! 사이좋게 지내자!"라고 말하는 것 같았다.

할머니 할아버지를 다시 보게 된 손녀는 뛸 듯이 기뻐했다. 토끼 밀류트는 앞으로 절대 바다표범과 싸우지 않겠다고 다짐했다. 바다표범은 감사의 표시로 토끼에게 파도가 밀어다 주는 해초를 마음껏 주워 가라고 했다. 그렇게 바다표범과 토끼는 화해를 했고 그 이후 한 번도 다툰 적이 없다. 지금도 토끼는 해변에 살면서 해초를 모은다.

## 개 남편과 바다표범 아내

여름이 되면 바다표범들은 해변에 배를 대어 놓고 열매를 따러 툰드라로 갔다. 이 해변에 개의 집이 있었다. 바다표범들이 열매를 모아 가지고 오면 개가 차를 마시고 가라며 바다표범들을 불렀다. 바다표범들은 배가 무척 고팠기 때문에 기꺼이 개의 초대에 응했다. 하지만 바다표범 가운데 성질도 고약하고 마음씨도 악독한 노처녀가 있었다. 노처녀는 개의 욕을 하면서 동생들이 개의 집에 가는 것을 결사코 반대했다. 그래서 노처녀와 같이 열매를 따러 갈 때면 바다표범들은 번번이 배가 고픈 상태로 집으로 돌아가야만 했다.

집에 와서 노처녀는 바다표범들이 수준이 맞지도 않는 개의 집에 가서 차를 마시려 했다며 푸념을 했다. 옆에 있던 동생이 말했다.

“괜히 그냥 왔어. 들러서 차를 마시고 와도 되는데. 그 개가 얼마나 착한데! 내가 그 개를 잘 알거든.”

다음 날 아침 바다표범 여인들이 열매를 따러 가려고 분주히 움직였다. 노처녀는 여인들이 아침부터 수선을 떠는 바람에 잠을 설쳤다면서 난데없이 버럭버럭 화를 냈다. 이 말을 들은 여인들은 노처녀에게 심하게 역정을 냈다. 아무튼 노처녀 바다표범의 히스테리는 이만저만이 아니었다.

다음 날 노처녀는 막내 여동생을 데리고 열매를 따러 갔다. 자매는 개의 집에서 멀지 않은 곳을 돌아다녔다. 노처녀는 개가 나오지는 않을까, 차를 마시고 가라고 부르지는 않을까 노심초사하면서 주위를 둘러보았다. 해가 가라앉고 있었고 여동생은 이미 한참 전부터 집에 가자고 조르고 있었지만 노처녀는 계속 누군가를 기다리고 있었다….

개의 아들은 아까부터 바다표범을 지켜보고 있었는데 노처녀 언니가 아니라 여동생이 무척 마음에 들었다. 개의 아들은 바다표범을 부르고 싶었다. 하지만 노처녀 때문에 기분이 상해 있는 엄마가 허락하지 않았다. 결국 바다표범들은 집으로 돌아갔다.

노처녀는 밤새 잠을 이루지 못했다. 아침에 일어나 혼자라도 개를 찾아가고 싶었지만 남동생이 배를 내주지 않았다. 그런데 그날 개의 아들이 막내 바다표범에게 청혼을 하러 왔다….

"인생이 구만리 같은 여동생을 개와 결혼시킬 수는 없어. 차라리 내가 개에게 시집을 가는 편이 낫지."

노처녀가 이렇게 말을 하자 모두 그 말이 맞다며 노처녀를 개에게 시집을 보내기로 했다. 개의 아들은 아내의 지참금 대신 1년 동안 바다표범의 집에서 일을 했고 노처녀는 바다표범 딸을 낳았다. 개가 집으로 돌아갈 채비를 하자 친척들이 말했다.

"아내도 데리고 가."

개 남편과 바다표범 아내는 함께 집으로 갔다. 먼저 집에 들어간 개 남편은 바다표범 아내를 도와주라며 어린 여동생을 내보냈다. 바다표범은 자신을 도와주러 달려온 개의 여동생을 지팡이로 내리친 뒤 집에 들어가서 남편에게 누르락붉으락 화를 내면서 소리쳤다.

"도대체 저렇게 못생긴 개를 왜 내게 보낸 거죠?"

"내 여동생이오!"

어느 날 남편이 아내에게 말했다.

"고기를 조금 더 준비하시오. 친척들을 모두 초대해야겠소."

친척들이 모두 와서 식탁에 둘러앉자 누군가 물었다.

"어떻게 먹어야 하지? 개처럼? 아니면 바다표범처럼?"

"개처럼 먹어야죠. 아내가 우리에게 적응을 해야죠."

개들은 개처럼 음식을 먹기 시작했다. 이것이 무척 못마땅했던 바다표범은 친척들을 지팡이로 두들겨 패서 모두 내쫓았다. 남편은 아내의 행동을 도저히 묵과할 수 없어 심하게 화를 냈다.

"지금 당장 당신의 집으로 돌아가시오!"

노처녀는 집으로 떠났다. 남아 있던 개는 무척 무료해서 툰드라의 개 마을에 갔다가 개 아가씨를 만나게 되었다. 개 아가씨가 식사를 하라며 개를 불렀고 개는 뼈 몇 개만 달라고 부탁했다. 개 아가씨는 나무 접시에 고기와 뼈를 담아 가지고 왔다. 개는 뼈를 갉아 먹다 접시를 깨물어 망가뜨렸다. 이를 알게 된 개 아가씨 가족들은 심히 화를 내면서 개가 접시를 물어내야 한다며 씩씩거렸다. 아가씨는 가족들에게 그냥 넘어가 달라고 두 손 두 발 다 들어 싹싹 빌며 애원했다. 결국 가족들은 이 일을 그냥 덮기로 했다.

어느 날 개는 툰드라에 순록 사냥을 갔다 왔다며 아가씨의 집에 들렀다. 그런데 세상에! 순록 가죽을 주는데 갈기갈기 찢어져 있었고 사냥에서 돌아오는 길이라면서 고기는 한 점도 내놓지 않았다. 다시 가족들이 심하게 화를 내자 아가씨가 물었다.

"이 가죽을 툰드라에서 가져온 게 확실한가요?"

"예! 그렇소."

"그럼 됐어요!"

사실 이 모든 것은 개가 아가씨를 시험해 본 것이었다. 개는 마음씨 착한 아가씨가 마음에 들었고 둘은 결혼을 했다. 개는 아내를 데리고 집으로 왔다. 어느 날 남편이 친척들을 모두 초대했다. 음식을 먹으려고 앉자 남편이 장난스럽게 말했다.

"모두 개처럼 드세요."

아내가 한참을 웃었고 모두 개처럼 먹기 시작했다.

## 오만한 비초크[2)]

언젠가 바다에 물고기의 대장 비초크가 살았다. 입이 얼마나 큰지 집 하나가 들어가고도 남았다. 이 비초크는 무척 늙었다. 얼마나 늙었는지 등이 석회가 되었다. 하지만 아직도 비초크는 물고기 가운데 가장 힘이 셌고 가장 오만했다. 물론 그러니 그를 대장으로 뽑았겠지!

그런데 강에서는 연어가 물고기 대장이었다. 연어는 강의 물고기 가운데 단연 두드러졌다. 어찌어찌해서 비초크가 연어에 대한 소문을 듣게 되었다. 비초크의 분노는 상상 이상이었다. 눈에서 불꽃이 튀었고 머리에서 증기가 뿜어져 나왔다! 자신이 물고기의 대장인데 도대체 연어라니! 있을 수 없는 일이 아닌가! 당장 모든 물고기를 불러 모았다.

"강의 물고기 대장인 연어를 잡아먹어서 내가 이 세상 모든 물고기의 대장임을 증명하겠다!"

비초크는 바다와 강을 통틀어 모든 물고기의 대장이 될

---

2) 비초크 : 농어의 일종으로 아조프해, 카스피해, 흑해에 서식한다. 길이는 20센티미터 정도로 머리 부위가 유난히 크며 몸은 원통형이고 꼬리까지 비늘로 덮여 있다.

수 있는 방법에 대해 오랫동안 궁리한 끝에 밀물을 이용해 강으로 가기로 결심했다. 강에 가서 입을 벌려 모든 강을 막았다. 연어를 단숨에 집어삼키려고 연어가 나타나기만 기다렸다. 비초크는 강의 하류에 있었는데 연어는 그보다 더 위쪽의 어딘가를 유유히 돌아다니고 있었다. 강 하구에서 비초크가 연어를 기다리고 있다는 사실을 알게 된 새끼 연어가 이 사실을 알려 주려고 허겁지겁 대장 연어에게 갔다.

"지금 비초크가 당신을 기다리고 있어요. 강 전체를 막고 있는데 당신을 산 채로 잡아먹을 거래요."

대장 연어는 아주 오랫동안 신중하게 비초크를 이길 수 있는 방법을 궁리했다. 비초크에게 갔다. 연어는 아주 세게 입김을 불면서 갔다. 비초크에게 간 연어는 용감무쌍하게 비초크의 입을 통해 배 속으로 들어가서 이빨로 비초크의 내장을 물어뜯었다. 잠시 뒤 연어가 다시 나와 보니 비초크는 이미 죽어 있었다.

오만한 비초크는 스스로 죽음을 자초했다. 비초크가 강에 얼씬도 하지 않고 바다에서만 사는 것은 바로 연어 때문이다. 그 이후 연어는 강의 주인답게 활개를 치고 다니게 되었다.

# 악령 이야기

## 아버지 대신 악령에게 잡혀간 남매

부부가 남매를 키우면서 살고 있었다. 아버지는 매일 덫을 설치했다. 이날도 아침 일찍 덫을 보고 집으로 돌아오고 있었다. 집으로 가는 길목에 샘이 있어 물을 먹으려고 샘물에 입을 대는 순간 누군가 머리를 때렸다. 아버지는 그 바람에 그대로 샘물 바닥에 얼굴이 박히면서 넘어졌는데…. 일어날 수가 없었다. 숨을 쉬어 보았다. 다행히 숨은 쉴 수 있었다. 살아 있긴 있었다. 소리를 질러 보았다. 다행히 소리도 지를 수 있었다. 아버지는 악령에게 잡힌 것이었다.

"에이, 누구야? 나를 풀어 줘! 그러면 아이들을 줄게."

악령은 곧 아버지를 풀어 주었다. 아버지는 얼른 일어나 주위를 둘러보았지만 아무것도 보이지 않았다. 도대체 무슨 일이 있긴 있었던 걸까? 어안이 벙벙했다. 아버지는 뒤도 돌아보지 않고 한걸음에 집으로 달려갔다. 아내에게는 아무 말도 하지 않았다. 그렇게 며칠을 혼자 속을 끙끙 앓던 아버지는 뭔지 모르지만 무척 꺼림직한 느낌이 들어 아이들에게 말했다.

"애들아! 오늘 덫이 있는 곳에 갔다 오렴!"

아이들은 덫을 보러 갔다. 꽤 멀리까지 걸어갔다. 그런데 갑자기 무언가 아이들의 앞길을 막았다. 앞이 막힌 아이들은 어디로 가야 할지 알 수가 없었다. 멈추어 서는 수밖에! 그때 누군가 아이들 앞으로 뛰어나와서 말했다.

"이제부터 여기가 너희 집이야!"

"뭐? 여기가 우리 집이라고? 아무것도 없는데…."

이게 무슨 말인가! 아이들은 열린 하늘 아래에 앉아 있는데…. 알고 보니 여기는 악령의 집이었고 악령이 아이들을 이곳으로 데리고 온 것이었다. 아이들을 데려오느라 고단했는지 악령은 곧 잠이 들었다. 아이들은 무척 배가 고파 열매를 찾으러 나섰다. 잠에서 깨어나 아이들이 없어진 걸 알게 된 악령은 아이들을 찾으러 돌아다녔다. 아이들을 발견한 악령은 아이들의 머리채를 잡아당기면서 윽박질렀다.

"아까 너희가 있던 저기가 집이야. 알았어? 저기를 떠나면 안 돼!"

아이들을 등에 짊어지고 명색이 집이라는 곳에 끌어다 놓고는 아이들에게 한껏 으름장을 놓았다.

"얌전히 있어. 이제부터 여기가 너희 집이야. 그러니까 아무 말 말고 잠자코 앉아 있어."

아이들은 악령의 말대로 얌전히 앉아 있었다. 악령은 또 잠이 들었다. 코를 골았는데 천둥처럼 요란하고 큰 소리가 났다. 하루 종일 물 한 모금 못 마신 아이들은 허기진 배를 달래기 위해 또 열매를 찾으러 갔다. 그런데 순록이 오더니 아이들 옆에 멈추어 섰다. 아이들이 순록에게 말했다.

"우리를 등에 좀 앉혀 줘. 집에 가고 싶어."

"그런데 여기서 뭐 하고 있었어?"

"악령이 우리를 여기로 끌고 왔어."

"알았어. 등에 타. 집에 데려다줄게."

아이들은 순록의 등에 앉았다. 순록은 아주 빨리 달렸다. 마치 자전거를 타고 달리는 것 같았다. 그런데 조금 있다가 보니 악령이 고래고래 소리를 지르면서 쫓아오고 있었다.

"야, 순록! 기다려! 잠시 멈춰 봐! 어디로 가는 거야? 도대체 어디로 가는 거냐고?"

이 소리를 들은 순록이 아이들에게 말했다.

"내려서 빨리 뛰어가!"

아이들이 순록의 등에서 뛰어내렸고 순록은 다른 곳으로 달려갔다. 순록을 따라잡은 악령이 야단법석을 떨었다.

"왜 알지도 못하는 아이를 데려가니?"

"데려가는 게 아니야. 그냥 아이들하고 장난을 친 것뿐이야. 불쌍한 아이들이 꼭 포로처럼 앉아 있잖아. 너는 아이들이 불쌍하지도 않니?"

"그래 알았어. 알았으니까 앞으로 두 번 다시 아이들을 데려가지 마!"

순록은 달아났고 악령은 아이들의 귀를 우악스레 잡아당기면서 욕을 퍼부었다.

“아주 못된 생각만 하다니! 이렇게 조그만 놈들이 도망을 치려 해! 이 순록은 내 허락 없이는 달릴 수가 없어! 그것도 몰랐어!”

악령은 아이들을 다시 집으로 끌고 갔다.

“바로 여기가 너희 집이야! 여기가 너희 집이라고!”

아이들은 아무것도 하지 않고 그냥 멍하니 앉아 있었고 악령은 또 잠이 들었다. 아이들은 도저히 허기를 참을 수가 없어 또 열매를 찾으러 나갔는데 곰이 불쑥 옆으로 다가왔다.

“얘들아, 안녕! 아무것도 없는 툰드라에서 뭐 하고 있니?”

“이곳으로 끌려왔어.”

“대체 누가 너희를 이곳으로 끌고 왔니?”

“아주 무시무시하고 이상하게 생겼는데 악령 같아.”

“그래? 악령이 맞을 수도 있겠구나. 집에 가고 싶니?”

“엄청 가고 싶어. 그런데 어떻게 해야 집에 갈 수 있지?”

“으흠! 내 등에 앉아.”

“그래 봤자 소용없어. 어차피 못된 악령이 우리를 쫓아올 텐데 뭐. 좋아! 타고 돌아다니기라도 하자. 심심하지는 않을 거잖아.”

"그래! 앉아!"

아이들이 앉자 곰은 빨리 달려서 무척 먼 곳까지 달아났다. 순록보다 더 먼 곳까지 도망을 간 것 같은데 갑자기 뒤에서 찢어지는 듯한 악령의 고함 소리가 들렸다.

"빨리 뛰어내려! 악령이 쫓아오고 있어!"

악령이 고래고래 소리를 지르면서 쫓아왔다.

"기다려! 곰! 어차피 너는 나한테 잡힐 수밖에 없어. 너는 나를 벗어날 수가 없어."

아이들이 곰의 등에서 내렸고 곰은 그 자리에 서서 악령이 오기만 기다렸다. 악령이 와서 곰에게 따졌다.

"왜 알지도 못하는 아이들을 데려가는 거지?"

"데려가려는 게 아니야. 아이들이 너무 심심한 나머지 나를 타고 돌아다니면 재밌을 것 같다고 해서 태워 준 것뿐이야."

"알았어. 나는 네가 아이들을 데려가는 줄 알았지."

곰은 곧 자리를 떴다. 못된 악령은 아이들의 손을 끌고 집으로 데려가 더 먼 곳에 던져 놓으면서 말했다.

"몇 번을 말해야 알아듣겠니? 여기가 너희 집이라고! 여기가 너희 집이야!"

다시 잠이 들었다. 어처구니가 없어서! 아이들은 다시 멍하니 앉아 있었다. 그런데 송아지가 아이들 옆에 와서 풀을 뜯어 먹다가 아이들에게 말을 걸었다.

"얘들아! 안녕! 여기서 뭐 하고 있어?"

"여기가 우리 집이라고 해서 그냥 앉아 있는 거야."

"어디에 집이 있는데? 안 보이는데."

"큰 소리로 말하면 안 돼! 저기에 우리 주인이 자고 있어."

"어디에서 왔어?"

"몰라, 그냥 여기로 끌려왔어."

"그럼 집에 가고 싶겠네?"

"엄청 가고 싶어."

"알았어, 내 등에 타."

송아지는 무척 작은 데다 배까지 불룩 튀어나와 우스꽝스럽게 보였다. 아이들이 웃으면서 말했다.

"네가 우리를 집에 데려다줄 수 있겠어? 너보다 더 힘이 세고 튼튼한 동물들도 못 데려다줬어."

"그럼 그냥 나를 타고 다니면서 놀아."

신난다! 아이들이 웃으면서 올라타자 송아지가 말했다.

"아이고, 무거워! 조그만 아이들이 왜 이렇게 무거워!"

악령이 있는 곳으로 갔지만 아무것도 모르는 악령은 더 심하게 코를 골기 시작했다. 아이들이 송아지에게 조용히 말했다.

"악령 옆으로 가지 마."

"알았어. 자, 출발한다!"

악령 다리를 지나가다 발을 헛디디는 바람에 악령의 다리 옆에 벌렁 쓰러졌다. 놀란 악령이 벌떡 일어나 잠결에 송아지를 발로 뻥 걷어찼다. 그 바람에 송아지는 아이들을 태운 채 하늘로 붕 하고 날아갔다. 악령이 보니 아이들이 없어졌다. 누가 왔다 갔는지 흔적도 없었다. 송아지의 작은 발자국만 남아 있었다. 아이들을 태운 송아지는 바닷가로 날아갔다. 악령은 하루 종일 아이들을 찾았지만 결국 찾지 못했다.

아이들은 바닷가 쾌적한 곳으로 떨어졌다. 송아지는 전혀 송아지 같지 않게 바닥에 사뿐히 내려앉았다. 아이들이 주위를 둘러보니 벌써 집 안이었다. 오빠는 먹을 걸 찾는다며 집을 제대로 보지도 않은 채 바로 툰드라로 갔다. 동생은 집 밖으로 나와 집 주위를 한 바퀴 돌아보았다. 이리 보고 저리 봐도 참으로 아름답고 멋진 집이었다. 모든 게 다 갖추어져 있었다. 가재도구도 부족함이 없었고 먹을거리도 넘쳐났으며 방도 많았다. 어떤 방에 갔더니 귀가 큰 개 두 마리가 있었다. 개들은 소녀를 보더니 무척 반가워하면서 마치 주인 대하듯 소녀의 뒤를 졸졸 따라다녔다. 오빠는 툰드라에 갔다가 저녁 늦게야 집으로 돌아왔다. 오빠가 말했다.

"우와! 세상에 이렇게 큰 집이 있다니!"

집 근처에 가니 동생이 나왔고 개 두 마리가 여동생의 뒤를 졸졸 따라다녔다. 여동생이 오빠에게 말했다.

"오빠! 봐! 보라고! 이게 우리 집이야!"

"갑자기 집이 어디서 생겼을까?"

"송아지가 없어졌어. 송아지가 집으로 변한 거야. 정신을 차리고 보니 이미 집 안이었어. 집 안을 둘러보다 개 두 마리를 발견했어. 우리 친구인가 봐. 나를 보자마자 무척 좋아하더니 내 뒤를 졸졸 따라다녀."

"우리가 굉장한 송아지를 발견했군! 영원히 여기에서 살자. 주변 경치도 너무 예쁘고 주위는 아주 쾌적해. 사람도 없어. 산에는 동물이, 강에 물고기가 넘쳐 나고 있어. 너무 좋아! 안으로 들어가자!"

집 안은 무척 따뜻하고 밝았다. 오빠를 본 개들은 끈으로 묶어 놓은 것처럼 오빠에게서 떨어지지 않았다. 오빠가 잠시 잠깐 움직여도 개들은 늘 오빠 옆에 있었다.

그 이후 남매에게 무슨 일이 일어났을까? 바닷가에서 빗으로 머리를 빗고 있던 여동생은 갑자기 누군가의 비명 소리를 들었다. 소리가 나는 곳을 보니 바다 반대편에서 누군가 서성거리면서 여동생에게 소리를 지르는데 사람 같았다.

"아가씨! 나를 그곳으로 가게 해 줘!"

여동생이 물속으로 빗을 던졌다. 무슨 일이 일어났을까!

빛이 큰 다리로 변했다. 다리의 한쪽 끝은 여동생이 있는 곳에, 한쪽 끝은 바다 반대편 조약돌에 가서 꽂혔다. 누군가 다리를 건너왔다. 여동생은 빛으로 만든 다리를 잡고 있었다. 가까이 다가왔는데 전에 남매를 데려갔던 악령이었다. 악령이 말했다.

"아하! 너희였구나! 어디에 있나 했더니…. 너희를 계속 찾아다녔지. 어처구니가 없군!"

"누군가 했더니 악령 너로구나!"

"아하! 이게 너희 집이로구나. 좋은데! 안으로 들어가자."

집 안으로 들어간 악령이 말했다.

"자, 그럼 말해 봐! 너희가 어떻게 도망을 쳤는지…. 지금껏 너희를 죽도록 찾아다녔어. 결국 찾아냈지만…. 못된 것들! 이미 아가씨가 되었구나. 이제부터는 같이 살자. 싫다고 하면 죽여 버리겠어."

어쩌겠는가! 그렇게 하자고 했다. 이제는 도망칠 수도 없다. 순간적으로 악령이 소녀를 붙잡으면서 말했다.

"그런데 말이야, 먼저 네 오빠를 죽이자. 그리고 우리 둘이 사이좋게 살자."

"어떻게 오빠를 죽여?"

"음식에 독을 넣으면 돼."

"하지만 내게는 독이 없어."

"자. 내가 독을 줄 테니 이걸 음식에 넣어. 나는 방에 숨어 있을게. 오빠가 오면 음식을 주면서 아주 다정하게 이야기를 나누어. 안 그러면 눈치챌 수도 있어."

여동생은 오빠를 기다렸고 악령은 숨어 있었다. 오빠는 아주 늦은 저녁이 되어서야 집으로 돌아왔다. 개들은 집 근처에 오자 심하게 으르렁거렸다. 개들이 앞에서 걸었는데 털이 쭈뼛쭈뼛 일어섰다. 오빠가 물었다.

"개들아! 무슨 일이니? 무슨 일 있어? 이런 적이 한 번도 없었잖니?"

집 안으로 들어간 개들은 더 심하게 요동을 쳤다. 소녀에게 달려들자 소녀가 개에게 음식을 주었다. 개들은 소녀가 준 음식을 남김없이 먹어 치웠다. 분위기가 심상치 않다고 생각한 오빠가 동생에게 물었다.

"도대체 개들이 왜 이러지?"

"글쎄, 배가 고파서 그런 것 아닐까?"

"어제도 배가 고팠을 텐데…. 한 번도 이런 적이 없었는데…. 혹시 악령이 찾아온 건 아니니?"

"아니야, 오긴 누가 와!"

"알았어. 아침에 다시 툰드라로 갈 거야."

악령은 매우 놀랐다. 누워 있었지만 움직이는 것조차 두려웠다. 오빠는 잠이 들었고 개들은 오빠의 침대 옆에 누워

망을 봤다. 오빠는 아침에 먼 툰드라로 떠났는데 곧 늑대들이 쫓아와서 소리쳤다.

"이봐! 어디로 가는 거야?"

"몰라요. 집에서 되도록 먼 곳으로 갈 거예요."

"왜? 집에 있는 게 그렇게 싫어?"

"집에서는 편안하게 잘 수가 없어요. 옆에 위험이 도사리고 있는 것 같아요. 친구들이 밤새 나를 지켜 주었어요. 그래서 아예 집을 나왔어요."

"그렇구나! 내 두 아들을 네 친구로 줄까? 잘 생각해 봐…. 많은 도움이 될 거야. 그러니 거절하지 마!"

"무슨 소리예요. 나로서는 너무 좋지요. 두 아들을 제게 친구로 주세요."

곧 청년에게 아주 큰 늑대 두 마리가 다가왔다.

"정말 좋은데! 친구가 늘어서 더 든든해!"

계속 길을 걸어갔다. 청년의 옆에는 이미 네 친구가 있었다. 얼마 뒤 곰 가족을 만났다. 곰이 말했다.

"이봐! 네게는 친구가 무척 많구나."

"그러네요."

"그럼 내 아들들도 친구로 데려가."

청년은 한층 더 기뻤다. 1년 된 곰 두 마리가 청년의 곁으로 다가왔다. 친구가 여섯이 되었다. 어디에서 잠을 잘 것인가? 이런 건 문제도 아니었다. 옆에 친구가 여섯이나 있는데 무슨 걱정이 있겠는가? 낮에는 어디에 있어도 항상 먹을 것을 가져다주었다. 얼마 뒤 우연찮게 여우를 만나게 되었다. 여우가 말했다.

"어휴! 친구가 무척 많네. 나도 친구로 삼아 줘."

"좋아! 같이 가자. 즐겁게 지내자."

"물론이지. 서로 사이좋게 즐겁게 지내자."

길을 떠났다. 동물들은 서로 줄을 맞추어 걸어갔다. 그즈음 청년은 친구가 많아졌으니 집으로 돌아가도 괜찮을 것 같다는 생각이 들었다. 오던 길로 되돌아갔다. 이미 집은 가까이에 있었다. 그때 여우가 말했다.

"이봐, 여기서 친구들하고 잠깐만 기다려. 내가 가서 망을 보고 올게. 누군가 흉악한 녀석이 집에 있을지도 몰라. 아니면 너를 죽이려는 음모를 꾸미고 있을지도 몰라."

"좋아. 갔다 와. 여기서 기다릴게."

여우가 집으로 달려가 창문 너머로 들여다보니 아닌 게 아니라 악령과 여동생이 이야기를 나누면서 열을 올리고 있었다. 악령이 말했다.

"지금 오빠가 오고 있어. 오빠에게 오랫동안 밖에 있었으니 목욕탕에 불을 때서 깨끗하게 씻었으면 좋겠다고 말해. 목욕탕을 최대한 뜨겁게 하라고 해. 그러면 목욕탕 문이 저절로 잠길 거고 오빠는 안에 갇혀서 그대로 타 죽을 거야. 게다가 이 집은 전체가 철이라서 오빠는 빠져나올 수도 없어."

여우는 이 이야기를 모두 엿들었다. 악령과 여동생의 대화가 끝나자 여우가 친구들에게 돌아와 전했다.

"아주 안 좋은 일이 벌어지고 있어. 정말로 너를 죽이려고 음모를 꾸미고 있어. 악령이 여동생에게 이렇게 말을 하더군. 오빠가 곧 돌아올 테니 오빠에게 목욕탕에 불을 최대한 세게 때서 씻게 만들라고. 오빠가 목욕탕에 들어가면 문이 저절로 잠기기 때문에 오빠는 그 안에서 타 죽는대."

"어떻게 해야 되지?"

"두려워하지 마. 아무 일도 일어나지 않을 거야. 불을 세게 때도록 해. 개들을 데리고 들어가. 그러면 문이 저절로 잠기는 일은 없을 거야. 다 씻고 목욕탕에서 나오면서 여동생에게 다시 밖으로 나가겠다고 해. 네가 밖으로 나오면 악령이 목욕탕 안으로 들어갈 거야. 그때 우리가 악령에게 달려들어 갈기갈기 찢어 놓을게. 개를 데리고 지금 집으로 가. 다른 친구들은 나와 여기에 있을게. 자, 빨리 가!"

청년은 집으로 향했고 개들은 그 뒤를 따랐다. 오빠가 집 안으로 들어가자 악령은 다시 몸을 숨겼다. 여동생이 말했다.

"오빠! 무척 피곤해 보이는데, 그렇지? 그럼 목욕탕에 불을 세게 때서 씻는 게 어때?"

"알았어. 그게 좋겠어. 불을 세게 땔게! 너도 목욕을 해야 하니 불을 넉넉하게 때 놓을게. 목욕을 마치고 나서 나는 다시 밖으로 나갈 거야."

"그래! 알았어!"

"지금 당장 불을 땔게."

오빠는 목욕탕에 불을 아주 세게 때서 씻기 시작했다.

목욕을 마치고 오빠가 목욕탕을 나가는 순간 문이 철컥 잠기는 바람에 미처 뛰어나오지 못한 개들이 목욕탕에 갇혔다. 이 광경을 지켜보던 친구들이 기겁을 하자 여우가 말했다.

"괜찮아. 조금 기다리면 나올 거야. 저 개들의 이빨은 철로 만들어졌거든. 봐, 벌써 저기 보이지?"

정말로 개들이 뛰어나왔는데 입에서 피가 흐르고 있었다. 청년이 집 안으로 들어가 여동생에게 말했다.

"나는 갈게. 목욕탕을 데워 놨어."

개들을 데리고 친구들에게 가니 여우가 말했다.

"내가 가서 보고 올게. 악령이 이미 목욕탕에 있을지도 몰라."

가서 창문으로 보니 악령이 여동생에게 말하고 있었다.

"네 오빠가 이번에는 용케 죽음을 면했지만 반드시 죽일 거야. 일단 나도 목욕을 좀 해야겠어."

못된 악령이 목욕탕으로 들어갔다. 그 모습을 확인한 여우가 친구들에게 달려갔다.

"자, 지금이야, 빨리 가자! 우리의 덫에 딱 걸렸어. 이미 목욕탕에 들어갔어. 망할 놈!"

집에 가니 악령은 아직도 씻고 있었다. 목욕탕 근처에 숨어 있다가 여우가 말했다.

"지금 악령이 나올 거야. 악령을 사 등분하는 방법에 대해 이미 다 궁리해 놨어."

잠시 후 못된 악령이 모습을 드러냈다. 개들이 먼저 악령에게 달려들어 다리를 물어뜯었다. 악령이 쓰러지자 곰이 악령을 덮쳤고 그때 늑대가 팔을 잡아당기면서 악령은 네 조각으로 갈라졌다. 여우는 너무 웃다가 배가 터져 죽을 뻔했다. 악령을 목욕탕에 넣고 태웠다. 오빠는 여동생에게 화를 내지 않았고 친구들과 함께 식사를 한 뒤 잠을 잤다.

한밤중에 여동생은 다 타 버린 목욕탕에서 악령의 아래 송곳니를 찾아 와 오빠를 찔렀다. 오빠는 외마디 비명을 지른 뒤 그 자리에서 죽었다. 악령의 송곳니가 오빠의 심장에 가서 꽂힌 것이다. 친구들이 웅성거렸다. 여우가 말했다.

"송곳니를 빼내자! 아직 친구의 몸이 굳지 않았으니 살릴 수 있어! 내가 친구의 몸을 오른쪽으로 잡아당기면 너와 곰은 왼쪽으로 잡아당겨. 아주 민첩하게 처리해야 해. 안 그러면 송곳니가 우리에게로 튀어 와서 우리 모두 죽을 수도 있어."

송곳니를 뽑기 시작했다. 여우가 오른쪽으로 잡아당겼고 늑대와 곰은 왼쪽으로 잡아당겼다. 갑자기 여우가 공처럼 튀어오르는 순간 송곳니가 곧장 툰드라로 날아갔다. 청년이 눈을 뜨자 여우가 청년을 자리에 앉혔다.

"이봐, 친구! 살아났군!"

"어휴! 내게 무슨 일이 있었어?"

"여동생이 너를 죽이려고 했어!"

오빠는 아주 심하게 화를 내면서 몸을 부들부들 떨었다.

"그 아이는 악령이 되었어. 사람이 아니야. 그 아이를 죽여야겠어!"

여동생을 쫓아가 갈고리에 걸어 무시무시한 집에 던진 뒤 집에 불을 질렀다. 여동생은 집과 같이 타 죽었고 오빠와 친구들은 행복하게 살았다. 오빠는 나날이 친구들이 늘어났고 여우도 그들과 함께 살았다.

## 다섯 자매

다섯 자매가 순록을 기르면서 툰드라에서 유목을 했다. 남자 형제는 없었다. 막내가 순록을 가장 많이 길렀다. 어느 날 막내가 언니들에게 말했다.

"언니들! 늘 같은 곳만 왔다 갔다 하니까 너무 지루하고 싫증 나지 않아? 언니들은 혹시 유목할 만한 다른 곳을 알고 있어?"

큰언니가 바다 옆에 윤택하고 살기 좋은 곳을 알고 있다고 했다.

막내가 물었다.

"바다? 그게 뭔데? 그게 어디야?"

"바다는 강과 비슷한데 엄청나게 커. 바다 반대편은 보이지도 않아. 하지만 바다 옆 어딘가에는 끝이 있고 거기에는 산이 있어."

"좋았어! 그곳으로 유목을 하러 가자."

"강은 바다로 흘러가지. 강을 따라가면 바다가 나오고 아름다운 산들도 나올 거야."

바다로 유목을 떠났다. 가고 또 갔다. 갑자기 막내가 말했다.

"언니들! 저기 좀 봐! 뭐가 반짝반짝 빛나는데? 저게 뭐야?"

"저게 바로 바다야!"

"바다는 엄청 크네! 우리 강이 저 바다로 흘러가는구나. 바다가 큰 것은 많은 강이 바다로 모여들기 때문인가?"

"아니야! 바다는 그 자체로 그냥 저렇게 커. 바다는 태초에 저렇게 만들어졌어."

"그런데 강은 왜 항상 흐르는 걸까? 끝이 없잖아. 왜 그럴까?"

"강은 원래 그런 거야."

다섯 자매는 바다 옆에서 유목을 하기 시작했다. 막내가 자매들의 길잡이였다. 드디어 쾌적한 곳을 찾아 집을 짓기 시작하는데 큰언니가 말했다.

"집을 짓지 말고 잠시 기다려! 더 좋은 곳이 있어."

"싫어! 그냥 여기에 짓자!"

"막내야! 너도 가끔은 언니들의 말을 좀 들어!"

"그냥 여기에 짓자."

"단 한 번만이라도 언니들의 말을 들으렴!"

"알았어! 그럼 그곳으로 옮기자!"

새로운 곳에 집을 지었는데 갑자기 큰언니가 어디론가 사라졌다가 나타났다. 막내가 물었다.

"어디 갔다 와?"

"툰드라를 잠시 돌아봤어."

"응, 그랬구나. 빨리 식사해."

"아니야, 안 먹을래. 머리가 아프네."

침대를 깔고 누웠다가 곧 잠이 들었다. 밤에 자매들은 잠이 들었다. 막내도 살포시 잠이 들었는데 갑자기 큰언니가 살그머니 일어나 밖으로 나가는 소리를 들었다. 한밤중에 나갔던 큰언니는 동이 튼 뒤에야 돌아왔다. 큰언니는 동생들이 눈치채지 못하게 몰래 들어와 누운 뒤 숨을 몰아쉬면서 아주 곤하게 잠이 들었다. 막내가 생각했다.

'도대체 언니는 어디에서 저렇게 오래 있다 오는 걸까? 그리고 왜 저렇게 피곤해할까?'

아침이 되었다. 자매들이 식사를 하는데 큰언니는 여전히 잠만 잤다. 둘째 언니가 큰언니에게 갔다.

"언니! 일어나서 밥 먹어. 해가 중천에 떴어."

"먹고 싶지 않아. 머리가 너무 아파."

다시 밤이 되었다. 모두 잠이 들었지만 막내는 자지 않았다. 오늘도 큰언니는 어김없이 살며시 일어나 밖으로 나갔고 또 새벽녘에야 돌아왔다. 이번에도 들어오자마자 곧장 누워서 죽은 듯이 곤하게 잤다. 큰언니를 잘 살피던 막내가 속으로 생각했다.

'언니는 어디에 갔다 오는 걸까? 아무것도 먹지 않고 낮에는 잠만 자잖아!'

아침에 잠에서 깨어난 막내가 자고 있는 큰언니를 깨웠는데 큰언니에게서 아주 지독한 냄새가 났다. 뭔가 썩는 냄새 같았다.

"언니! 일어나! 식사해야지!"

"먹고 싶지 않아. 머리가 너무 아파."

다시 밤이 되어 다들 잠이 들었지만 막내는 잠을 이룰 수가 없었다. 막내는 큰언니가 어디에 갔다 오며 어째서 큰언니에게서 썩은 냄새가 나는지 이리저리 생각을 굴리고 있었다. 막내는 큰언니가 오늘도 나가면 그 뒤를 밟을 작정이었다. 막내는 자는 척하면서 큰언니의 움직임을 놓치지 않으려고 귀를 쫑긋 세우고 있었다. 오늘 큰언니는 밖에 나가는 대신 몰래 무언가를 먹었다. 그런데 순식간에 아주 지독한 냄새가 온 집 안에 퍼졌다. 아침에 자매들이 일어났지만 큰언니는 여전히 잠에서 깨어나지 못했다. 막내가 언니들에게 말했다.

"언니들! 밖에 불을 피워."

언니들이 불을 피우고 식사를 시작하자 막내가 말했다.

"우리가 이곳으로 이사 온 뒤 큰언니는 밤만 되면 어디론가 나가. 어젯밤에는 뭘 먹는 소리를 들었어."

둘째 언니가 말했다.

"왜 너는 큰언니를 못 잡아먹어서 안달이니? 큰언니는 너무 아파서 식사도 못 하잖아. 그런 큰언니가 밤에 어딜 가고 또 무얼 먹겠니?"

다른 언니들도 둘째 언니의 편을 들었다.

"그래 막내야! 우리를 속이지 마. 거짓말을 하면 안 돼."

"정말이야, 내가 왜 거짓말을 해? 오늘 밤 언니들이 자지 말고 있다가 직접 확인해 봐."

언니들은 밤늦게 조용히 자리에 누웠다. 모두 자는 척만 할 뿐 자지는 않았다. 그런데 한밤중에 갑자기 큰언니가 무엇을 꺼내는지 바스락 소리가 들렸다. 순간 참을 수 없을 만큼 지독한 냄새가 온 집 안에 퍼졌다. 자매들은 막내의 말대로 큰언니가 무언가를 먹는 소리를 들었다. 아침에 막내가 언니들에게 말했다.

"언니들! 어때! 내 말 맞지? 일단 아주 살찐 순록을 잡아서 먹자. 지금 같은 상황에서는 잘 먹어 둬야 해."

언니들이 순록 떼를 몰아오자 막내가 순록에게 올가미를 던진 뒤 뒷다리를 올가미에 묶고 오른쪽 옆구리를 창으로 찌르자 언니들이 모두 순록을 에워싸면서 넘어뜨렸다. 그런데 막내가 이내 침울한 표정을 지었다. 언니들이 물었다.

"막내야, 왜 그렇게 침울하니?"

"무언가 우리에게 안 좋은 일이 일어날 것 같아. 빨리 순록 내장을 꺼내서 삶아 먹자. 일단 나는 지금 툰드라에 가서 순록 떼를 몰아올게. 언니들은 조금 있다 큰언니를 깨워. 아마 큰언니는 일어나자마자 어디론가 가려고 할 거야. 그러면 큰언니에게 같이 식사하게 툰드라에서 가서 막내를 불러오라고 해. 내가 큰언니를 잡고 있는 동안 언니들은 큰언니의 침대를 살펴봐. 큰언니가 밤마다 무엇을 먹는지 알아내봐. 재미있을 거야. 그리고 큰언니가 전혀 눈치채지 못하게 원래 있던 자리에 그대로 놓아둬. 그리고 내가 돌아오면 말해 줘. 그런데 언니들! 명심해! 큰언니가 눈치채면 안 돼!"

막내가 떠났고 언니들은 서둘러 순록을 손질했으며 고기를 솥에 넣고 삶은 뒤 큰언니를 깨웠다.

"언니! 일어나!"

"어때, 좀 나아졌어?"

"응, 조금 나아졌어. 오늘은 머리가 안 아프네."

"밖에 가서 함께 뭐 좀 먹자. 막내도 같이."

"싫어, 별로 먹고 싶지 않아."

"좋아, 그럼 우리 옆에 앉아서 같이 이야기라도 해."

큰언니가 나왔다.

"막내는 어디에 있니?"

"지금 순록 떼를 살펴보러 갔어. 언니가 막내한테 좀 갔다 와. 막내가 언니를 보면 너무 좋아할 거야. 언니가 이제 건강해져서 걸어 다닌다며 뛸 듯이 기뻐할 거야. 그리고 막내랑 같이 와서 요기 좀 해."

큰언니는 동생들의 말에 순순히 따랐고 막내를 부르러 툰드라로 갔다. 언니들은 서둘러 집 안으로 들어가 큰언니의 침대를 살펴보았다. 침대 밑에서 사람의 팔다리를 찾아냈다. 손가락에는 무척 고풍스럽고 아름다운 반지가 끼워져 있었다. 언니들은 모든 것을 원래대로 놓고 밖으로 나왔다. 언니들은 불 옆에 앉아 공포로 몸을 부들부들 떨면서 아무 말도 못 한 채 마른침을 삼키면서 서로를 바라보았다.

큰언니와 막내가 돌아와 식사를 하는데 다른 언니들은 아무 말도 하지 않았다. 막내는 무언가 좋지 않은 일이 벌어진 것을 직감했지만 묻지 않았다. 식사를 하던 중 큰언니가 말했다.

"애들아! 나는 들어가서 쉴게."

"그래! 들어가서 쉬어."

큰언니가 들어가자 막내가 언니들에게 말했다.

"그래 언니들, 이제 그만 떨고 말해 봐."

"사람의 팔다리가 있었어. 손가락에는 무척 고풍스럽고 아름다운 반지가 있었어. 여자 손인 것 같아. 큰언니가 밤마다 이 손을 먹는 것 같아."

"알았어. 오늘 밤도 자면 안 돼!"

자려고 누웠는데 한밤중이 되니 큰언니가 속삭이기 시작했다.

"무언가를 먹고 싶어. 고기를 먹어야겠어. 그런데 어떻게 고기를 구하지? 둘째를 죽이면 먹을 게 생기잖아. 둘째를 죽이고 셋째도 죽여. 넷째와 막내는 남겨 뒀다 나중에 먹어. 자, 그럼 어떻게 해야 하지?"

아침이 되었다. 세 언니가 밖으로 나가 훌쩍거리며 울기 시작했다. 막내가 말했다.

"울지 마! 혹시 내가 죽으면 그때 울어! 내가 살아 있는 한 언니들은 무사할 거야. 지금부터 내가 시키는 대로 해. 같이 집 안으로 들어가자. 내가 무슨 말을 하는지 빨리빨리 알아채야 돼."

모두 안으로 들어가니 막내가 말했다.

"언니들! 우리에게는 순록이 무척 많아. 다 재산이야. 우리의 인생이 순록들에게 달려 있어. 그런데 여기에는 순록의 먹이가 더 이상 없어. 유목지를 옮기자."

큰언니가 버럭 소리를 질렀다.

"얘들아! 나는 너무 아파서 이곳을 떠날 수가 없어! 너희 넷이 유목을 하러 가. 그런데 너희가 돌아가면서 사흘씩 내 곁에서 나를 간호했으면 해. 먼저 내가 제일 사랑하는 둘째가 사흘 동안 내 곁에 있었으면 좋겠어. 사흘이 지나도 내 병이 낫지 않으면 셋째가 내 곁에서 사흘을 지냈으면 해. 다음에는 막내, 네가 오도록 해. 내가 앓다가 갑자기 죽으면 넷째가 와서 내 장례를 치르도록 해. 자, 이제는 떠나도 좋아."

길을 떠날 채비를 했다. 큰언니는 곧 잠이 들었는데 죽은 사람처럼 아주 곤히 잤다. 막내가 앞에서 걸어갔다. 집 오른쪽, 왼쪽을 한번 휙 둘러본 뒤 집 주위를 돌면서 지팡이로 집을 두드렸다. 마지막으로 문을 지팡이로 세 번 두드린 뒤 길을 나섰다. 자매들은 무척 오랫동안 걸어갔다. 두 번째 동이 튼 뒤에야 자리를 잡고 앉아 먹기 시작했다. 막내가 말했다.

"오늘도, 그 이후에도 언니들을 절대 큰언니에게 보내지 않을 거야. 내가 언니들을 보내 주면 큰언니가 언니들을 다 잡아먹을 거야. 큰언니가 아니라 악령이 분명해."

막내의 말을 들은 언니들은 적이 안심이 되었다. 큰언니는 아침에 잠에서 깨어 밖으로 나가려고 했으나 나갈 수가 없었다. 문이 열려 있는데도 나갈 수가 없었다. 큰언니가 버럭버럭 화를 내면서 말했다.

"분명 못된 막내의 짓이야! 정말 마녀 같아! 두고 봐! 나가기만 하면 다 잡아먹을 거야!"

옷을 들고 난로 주위를 돌면서 춤을 추기 시작했다.

"우우우우! 오오오오! 나가게 해 주세요!"

펄쩍펄쩍 뛰어 굴뚝을 통해 밖으로 날아가서 여동생들을 찾기 시작했다. 큰언니를 발견한 막내가 말했다.

"언니들! 저기 좀 봐! 저기 멀리 까마귀가 날아가는 거 보이지? 큰언니야!"

자매들은 멀리에서 까마귀가 날아가는 것을 보았다. 까마귀가 갑자기 커지자 상황을 알아차린 막내가 말했다.

"앗, 내가 실수했어! 굴뚝을 막는 걸 잊었어. 굴뚝으로 빠져나와 우리에게 날아오고 있어. 저기 봐! 우리를 향해 날아오는 거 보이지? 빨리 서둘러! 순록을 끌고 와서 그 위에 앉아. 내가 먼저 달릴게. 둘째 언니가 제일 뒤에서 와."

자매들은 서둘러 순록에 올라탔다. 순록에게 간 막내가 자신의 지팡이로 순록을 한 마리도 빼지 않고 모두 건드렸다. 큰언니는 점점 가까워졌다. 동생들은 큰언니가 날아가면서 하는 말을 들었다.

"아무 데도 못 가! 오늘 밤에 모두 죽이겠어!"

막내가 말했다.

"네게 언니들을 줄 수 없어! 너는 우리 큰언니가 아니라 악령이야! 분명해!"

"악령이든 큰언니든 상관없어. 너희 모두 잡아먹을 거야!"

막내가 순록에 올라타자 순록들이 달리기 시작했다.

큰언니는 이미 바로 옆에 와 있었다. 막내가 지팡이를 흔들자 언니들이 그 자리에서 하늘로 올라갔고 갑자기 사방이 어두워졌다. 막내가 아래쪽을 보면서 말했다.

"벌써 둘째 언니를 잡아채서 밑으로 던졌네. 죽기 직전이군."

다시 보니 악령은 손만 뻗으면 닿을 거리에 있었다. 언니들이 울기 시작하자 막내가 말했다.

"사랑하는 언니들! 울지 마! 언니들을 죽게 내버려 두지 않아. 둘째 언니를 일부러 뒤에서 오라고 한 거야. 이제 주술을 해서 언니를 구할 거야."

정말로 막내가 언니들 앞에서 주술을 시작했다. 모닥불 세 개를 피우면서 말했다.

"순록들은 각자 자신의 모닥불 옆에 가서 서도록 해라!"

순록들이 알아서 모닥불 옆으로 가자 막내가 모닥불 안으로 들어갔다. 그런데 모닥불 안에 서 있는 것은 막내가 아니라 칼을 든 노인이었다. 칼로 악령이 된 큰언니를 죽이자 둘째 언니가 살아났고 자매들은 모두 눈물을 흘리며 기뻐했다.

## 악령을 죽인 고아 소년

한밤중 어느 집에 아이들이 모여 무척 즐겁게 놀고 있었다. 고아 소년도 함께 있었다. 아이들이 떠드는 바람에 집이 떠나가기 일보 직전이었다. 참다못한 고아 소년이 아이들에게 충고했다.

"얘들아, 조용히 해! 한밤중에 너무 크게 웃고 떠들면 안 돼! 악령이 와서 우리를 잡아먹을 수도 있단 말이야!"

아이들은 소년의 말은 들은 체 만 체 더 크게 웃고 떠들었다. 소년은 발자국 소리를 들었다.

"조용히 해! 조용히 하라고! 누가 오고 있어!"

발자국 소리가 더 커졌다. 고아 소년은 문을 잠갔다. 악령은 문을 찾았지만 찾을 수가 없었다. 악령은 하는 수 없이 숨을 크게 내쉬었다. 그 순간 문이 활짝 열렸다. 악령이 집 안을 들여다보니 악령의 숨소리에 놀란 아이들이 그 자리에서 죽어 있었다. 웃고 있던 아이는 입을 크게 벌린 채, 뛰고 있던 아이는 한 다리를 들어 올린 채 죽어 있었다. 몸을 숨긴 고아 소년만 살아남았다. 악령이 소년을 일으켜 세우자 소년은 죽은 척하면서 모피 위로 픽 쓰러졌다. 악령이 말했다.

"빨리 일어나! 죽은 척할 거야? 아니면 정말로 죽고 싶은 거야?"

"무서워요! 저를 잡아먹을 거잖아요!"

"아니야! 잡아먹지 않을게. 대신 술래잡기 놀이 하자. 내가 너를 찾아내면 그때 너를 잡아먹을게. 네가 나를 찾아내면 너도 나를 죽여."

악령은 방 뒤쪽에 가서 숨었다. 소년은 어렵지 않게 악령을 찾아냈다.

"잠깐만, 기다려 봐! 너도 숨어 봐. 나도 찾는 시늉이라도 해 봐야지."

소년은 어딘가에 숨었다. 악령은 정말 오랫동안 소년을 찾았다. 드디어 지친 악령이 말했다.

"이리 나와, 못 찾겠어. 어디에 있어?"

"여기에 있어요."

소년은 악령의 다리에 난 더부룩한 털을 잡고 서서 악령을 쳐다보았다.

"세상에! 거기에 있었구나! 다시 한번 해 보자."

악령이 문 사이에 숨었다. 소년은 왕방울만 한 악령의 커다란 눈을 발견했다. 소년이 숨을 차례였다. 소년은 벽 틈 사이에 숨었고 악령은 이번에도 소년을 찾지 못했다.

"나와 봐!"

소년이 나오자 악령이 말했다.

"좋아! 칼을 갈아!"

칼이 날카로워지자 소년은 칼로 악령의 가슴을 찔렀다. 하지만 너무 약했다. 악령은 가슴에서 칼을 뽑더니 온 힘을 다해 칼로 자신을 찌르면서 그 자리에서 쓰러졌다. 악령은 죽었고 소년은 옆 마을로 떠났다.

## 악령을 죽인 예멤쿠트의 아들

예멤쿠트가 아내와 함께 살고 있었는데 슬하에 두 아들이 있었다. 아들들에게 물고기를 잡아 오라고 했다. 아들들이 넙치 한 마리를 잡아 왔다. 넙치가 맛있게 익자 예멤쿠트가 아들들에게 말했다.

"이번에는 가서 열매를 모아 오너라."

열매를 모으러 간 아들들이 금방 돌아왔다.

"열매가 없어요. 눈을 씻고 봐도 찾을 수가 없어요."

어쩌겠는가! 넙치 한 마리를 모두 같이 나누어 먹는 수밖에! 넙치 한 마리를 나누어 먹었으니 그게 배 속에서 얼마나 가겠는가! 이리저리 뛰어다녔더니 금방 배가 고파 왔다. 배 속에 있는 음식이 이리저리 흔들리다가 어디론가 금방 꺼져 버린 느낌이었다.

"어휴! 배가 너무 고파!"

"여기를 떠나 다른 곳에 가서 유목을 하자. 여기 있다가는 굶어 죽겠어."

첫눈을 밟으면서 다른 곳으로 유목을 하러 떠났다.

"저 산이 무척 아름답구나. 저 산으로 가자."

잠시 후 해가 뉘엿뉘엿 지더니 금새 어둠이 짙어져 다들 누워서 잠이 들었다. 예멤쿠트는 꿈을 꾸었다. 잠에서 깬 예멤쿠트가 아내에게 말했다.

"기분이 안 좋소. 여기에 있으면 악령 닌비트가 우리를 잡아먹을 거 같소."

순록들은 악령의 먹이가 될 게 분명했다. 한 치의 망설임도 없이 순록들을 모두 죽이기 시작했다. 그러는 사이 어느덧 날이 밝았다. 순록을 다 죽이고 나니 갑자기 사방이 어두워졌다.

"어? 이게 대체 무슨 일이야? 왜 갑자기 어두워지는 거지?"

그때 늑대 울음소리를 흉내 내면서 악령 닌비트가 다가왔다.

"어머! 어쩌면 좋아! 우리를 잡아먹을 거야!"

"빨리 여기를 빠져나가자!"

"어디로 가죠? 닌비트가 늑대처럼 우리를 잡아먹으려고 달려오는 소리가 들려요."

모두 너무 놀라 울기 시작했다. 닌비트를 피해 달아나면서 한 살배기 아들은 그대로 남겨 두었다. 아이가 우는데 눈물이 강물처럼 흘러내렸다. 아이에게 간 닌비트가 말했다.

"뚝! 내가 키워 줄게. 배가 고프면 그때 너를 잡아먹어도 늦지 않아."

아이는 쑥쑥 자랐다. 닌비트는 엄청 배가 고팠다.

"세상에, 참 멋진 소년이 되었네! 아주 덩치도 크고 비계도 많아. 이제는 잡아먹어야겠어."

쩝쩝거리면서 게걸스럽게 먹기 시작했다. 닌비트의 배 속에 들어간 소년은 닌비트의 배를 손톱으로 긁었다.

"아악! 아악! 나를 죽이는군! 으아악! 으아악!"

배가 터지면서 닌비트가 죽었다. 소년은 머리털 하나 다치지 않은 상태로 살아남았다.

# 용감하고 지혜로운 코랴크인 이야기

## 영리하고 기민한 빅사

어느 부자가 아내, 딸, 남동생과 같이 살고 있었다. 부자 딸이 과년해지자 청년들이 청혼을 하러 떼로 몰려왔다. 부자의 딸을 데려가려고 엄청난 순록 떼를 가지고 왔지만 아버지는 모두 거절했다.

“내게 순록이 무슨 필요가 있는가? 자네들에게 내 딸을 줄 수는 없네. 나는 아주 강한 사위가 필요하네.”

청년들은 아무 성과도 올리지 못한 채 허탈하게 집으로 돌아갔다. 어느 날 한 청년이 왔는데 아주 강하고 탄탄해 보였다. 부자가 청년에게 말했다.

“우리 마을에는 거인 두 명이 있네. 마을 사람들은 거인 때문에 아주 불안해한다네. 거인들을 죽이면 내 딸을 주겠네.”

청년은 집으로 달아났다. 거인들을 이미 보았기 때문이다. 거인들은 청년이 상대할 수 없을 만큼 거대했다. 빅사라는 청년이 이 소문을 들었다. 아주 가난했으며 옷은 남루했고 힘이 세지는 않았지만 매우 영리하고 민첩했다. 빅사가 부자를 찾아가니 부자가 말했다.

“자네는 왜 여기에 왔는가?”

“당신을 위해 일을 하러 왔습니다. 저는 무척 힘이 셉니다. 이 민족 전체에서 가장 힘이 셀 뿐 아니라 가장 빠르고 기민합니다."

빅사는 자만심에 들떠 말하는 것을 좋아했다.

"그렇구나, 좋다! 이곳에 거인 두 명이 돌아다니는데 못된 짓만 골라서 한다. 그들을 죽이면 네게 순록을 주겠다."

"순록은 필요 없습니다. 딸을 주십시오."

"알았다. 그렇게 하도록 하자."

빅사는 툰드라로 갔다. 빅사는 거인들을 한 번도 본 적이 없었다. 한참을 가다 보니 두 사람이 잠을 자고 있었다. 빅사는 화들짝 놀라 혼잣말을 했다.

"어휴! 이게 뭐야! 왜 이렇게 길어! 파도에 밀려온 고래 두 마리 같네. 창으로 찔러도 죽지 않을 것 같은데."

빅사는 창이 아니라 도끼로 죽이기로 작정하고 거인의 머리를 내리쳤다. 거인에게는 파리가 날아와 앉는 것보다도 충격이 미미했다. 거인은 여전히 잠에 취해 있었다. 빅사는 있는 힘을 다해 한 번 더 내리쳤다. 이번에도 거인은 아무 일 없다는 듯이 몸을 한 번 뒤척일 뿐 계속 잤다. 빅사는 자신의 힘으로는 거인들을 죽일 수 없다는 사실을 깨닫고 다른 방법을 궁리했다. 큰 바위 열 개를 나무 위로 끌어 올려 거인들의 머리에 던지기 시작했다. 첫 바위가 오른쪽에 누운 거인에게 명중했다. 거인이 와락 화를 냈지만 곧 다시 잠이 들었다. 이번에는 왼쪽에 누운 거인의 머리에 바위를 던졌다. 거인은 눈을 번쩍 뜨고 친구를 쳐다본 뒤 다시 잠이 들었다. 빅사는 다시 오른쪽에 누운 거인의 머리에 바위를 던졌다. 잠에서 깨어난 거인은 친구가 돌아누운 것을 보고 다시 잠이 들었다. 빅사는 왼쪽에 누운 거인의 머리에 또 바위를 던졌다. 거인이 눈을 뜨고 친구를 보면서 말했다.

"도대체 왜 자꾸 내게 주먹질이야?"

그러고는 다시 잠이 들었다. 그때 빅사는 제일 큰 바위를 아래로 던졌다. 오른쪽 거인의 코에 명중했다! 얼마나 아팠을까! 화가 펄펄 난 거인은 친구를 보았는데 아무 일 없다는 듯이 자고 있는 것이 아닌가! 거인이 몸을 돌려 친구의 코를 주먹으로 날리자 친구가 잠에서 깨어나 버럭버럭 화를 냈다.

"왜 때리고 그래?"

"자고 있는데 네가 계속 나를 주먹으로 쳤잖아!"

"네가 먼저 시작했잖아!"

거인들이 서로 엉겨 붙어 심하게 싸우기 시작했다. 옷은 다 찢어졌다. 세상에! 한 거인이 막대기를 들고 친구를 내리쳤다! 거의 죽을 뻔했다. 이틀을 쉬지 않고 싸워 대더니 결국 둘 다 만신창이가 되어 죽어 나자빠졌다. 빅사는 거의 날다시피 하면서 부자의 집으로 달려갔다. 부자에게 가면서 빅사는 자신의 옷을 모두 찢고 얼굴 여기저기를 할퀴어 피가 철철 흐르게 했다. 부자는 빅사가 바삐 서둘러 오는 것을 보았다. 부자는 엄청 놀랐다. 빅사의 얼굴에는 피가 흐르고 있고 옷은 다 찢어져 있었다. 부자가 물었다.

"그래, 빅사야! 왔느냐?"

"예! 왔습니다!"

"누가 너를 이렇게 만들었느냐? 곰이 그랬느냐?"

"아닙니다. 두 거인과 싸웠습니다. 실제로 보니 어마어마하게 컸습니다. 그들과 겨뤘습니다."

"그게 정말이냐?"

"가서 한번 보십시오. 제가 다 죽였습니다."

"네가 죽인 두 거인은 어디에 있느냐?"

"강 조금 위쪽에 있습니다."

부자가 아들들을 불러 모았다.

"자, 모여라! 가자! 정말로 죽인 것 같구나."

"저도 같이 가겠습니다."

"너는 여기에서 상처를 치료를 하도록 해라. 우리끼리 갔다 오마."

빅사가 말한 곳에 가 보니 정말로 거인 두 명이 누워 있는데 죽을 때까지 얻어터진 것 같았다. 거인들은 팔에 시계를 차고 있었는데 같이 간 모든 사람들이 힘을 합해도 풀지 못할 정도로 거대했다. 집에 와서 부자가 말했다.

"빅사는 무척 강하다! 네가 전 민족을 통틀어 가장 강하다는 말이 진실이었구나!"

"저도 그런 거인들은 죽인 것은 난생처음입니다. 둘 다 무척 힘이 셌습니다. 내 손을 쥐는데 부러지는 줄 알았습니다. 한 명이 먼저 제게 달려들었는데 제가 주먹으로 머리를 내리쳤습니다. 다른 거인이 뒤에서 달려들기에 다리로 간을 냅다 찼더니 그 자리에서 땅에 고꾸라졌습니다. 다시 서로 맞붙기 시작했습니다. 한 거인이 제 얼굴을 치니 그 자리에서 피가 흘렀습니다. 그 순간 두 거인이 저를 잡고 옷을 다 찢었습니다. 저는 마지막 힘을 다 모아 주먹으로 그들을 때리기 시작했습니다. 잠시 후 두 거인이 모두 죽었습니다. 그제야 저는 통증을 느끼기 시작했고 이곳으로 한걸음에 달려왔습니다. 자! 이제 딸을 제게 주시는 거죠?"

부자의 동생이 말했다.

"아직은 줄 수가 없다. 우리 마을의 사냥꾼들이 안심하고 툰드라를 다닐 수가 없다. 툰드라에 무시무시한 소가 있기 때문이다. 소 때문에 많은 사냥꾼들이 죽었어."

"이 소는 어떻게 생겼죠?"

"아주 크다. 앞에 뿔이 있는데 칼처럼 곧게 솟아 있어. 그 소를 죽이면 정말로 조카를 네게 주겠다."

빅사는 이 소를 찾으러 갔다. 부자 동생이 말했다.

"빅사가 우리를 속인 것이라면 빅사는 소에게 죽임을 당할 것입니다. 말하자면 빅사가 힘이 없다는 증거죠. 소를 죽이면 빅사는 엄청 힘이 센 게 분명합니다. 그렇다면 반드시 우리 사람으로 만들어야 합니다."

소를 발견한 빅사가 생각했다.

'분명 이 소가 나를 죽이려고 달려들겠구나!'

뿔 하나 달린 소는 빅사를 보자마자 순식간에 빅사에게 달려들었다. 빅사는 마을로 달려갔고 소는 빅사의 뒤를 쫓아왔다. 빅사는 지쳤다. 앞에 보니 아주 큰 아름드리나무가 서 있었다. 빅사는 나무에 달려들면서 말했다.

"소가 나를 죽이도록 내버려 두는 편이 훨씬 낫겠어!"

소는 빅사를 향해 돌진했고 빅사는 눈 깜박할 사이 나무 뒤로 숨었다. 소의 뿔이 나무에 그대로 박혔다. 빅사가 보니 소가 아직 숨을 쉬고 있었다. 빅사는 막대기로 소의 머리를 내리치고, 목에 줄을 매어 다시 나무에 묶은 뒤 도끼로 나무를 베니 나무에 박힌 뿔이 머리에서 뽑혀 나가면서 그대로 죽어 나자빠졌다. 빅사는 소를 줄에 묶어 부자의 집으로 끌고 갔다.

"자, 당신들의 적을 끌고 왔습니다. 이리 와서 보십시오."

부자가 말했다.

"잘했다, 빅사야! 어떻게 이 소를 끌고 왔는지 말해 보거라."

"저는 이 소를 겨우 찾았습니다. 아주 오랫동안 찾았습니다. 도저히 찾을 수가 없었습니다. 그런데 갑자기 멀리서 무언가 보이는가 싶더니 소가 순식간에 저에게 달려들었습니다. 저는 줄을 준비하고 언덕에 앉아 있었습니다. 소가 저를 향해 달려드는 순간 뛰어 일어나 뿔을 잡고 목에 줄을 걸어 묶었습니다. 소는 뿔로 저를 박으려고 날뛰었습니다. 그 순간 저는 엄청 화가 나서 소를 번쩍 들어 땅에 내동댕이친 뒤 목에 줄을 묶었습니다. 저는 화를 주체할 수가 없어 뿔을 도끼로 잘라 죽인 뒤 이곳으로 끌고 왔습니다."

"잘했다! 내 딸을 주겠다! 빅사는 정말 강하고 용감하구나!"

빅사는 부자의 딸과 결혼했다.

## 지혜로운 바보 오요

언젠가 일곱 형제가 있었는데 막내의 이름은 오요였다. 오요는 우둔하고 어리석었는데 정말 해도 해도 너무한 바보 천치였다. 형들은 아직 결혼을 하지 않았기 때문에 결혼에 대해 진지하게 생각하고 있었다.

"오요야! 우리는 아내를 구하러 갈 테니 너는 집에 있어라."

"싫어! 나를 두고 형들끼리 가 봤자 아무 소용없어. 아내도 못 구하고 그냥 돌아올 게 뻔해. 형들! 나도 데려가!"

"너는 우리와 같이 갈 수가 없어. 너는 말도 잘 못하잖아. 옷차림은 또 그게 뭐니? 게다가 너는 신발도 없고 스키도 엉망이잖아. 그러니 너는 어디에도 갈 수가 없어. 잘못하면 얼어 죽어."

"상관없어. 나는 늘 이렇게 지냈잖아. 그래도 얼어 죽지 않고 지금껏 살아 있잖아."

"좋아. 그럼 같이 가자. 하지만 너에게 별로 좋지 않을 거야."

형들의 스키는 동물 가죽을 둘러놓아 모두 멋져 보였지만 오요의 스키는 낡은 데다 여름용이었다. 그렇게 형제들은 길을 떠났다. 오요는 밖에 나오자마자 벌써 뒤에 처졌다. 뒤를 돌아보니 오요는 형들을 쫓아오느라 정신이 없었다. 형들이 무척 빨리 달렸는데 얼마 뒤 오요는 용케 형들을 따라왔다. 단지 따라오는 게 아니었다. 얼마나 빨리 달리는지 누가 오요를 줄에 묶어 끌어당기는 것 같았다. 사실 오요는 여름용 스키와 신발을 신고 있어 완전히 얼어 죽기 직전이었다. 이미 형들을 거의 다 쫓아왔는데도 속도를 늦추지 않고 달렸다. 이제는 형들이 뒤에 처졌다. 형들이 말했다.

"어 어! 우리의 오요가 저렇게 빨랐어! 정말 빠른데! 세상에! 이런 사실을 이제야 알게 되다니! 모두 오요가 변변치 못하고 어리숙하다고 수군거리는데…."

오요가 마을에 도착하자 사람들이 마중을 나왔다.

"더 가지 마! 거기에서 멈춰!"

마을에서 절대 권력을 휘두르는 카긴칸과 그의 조수인 뉴니예가 오요를 맞이하면서 물었다.

"누구와 같이 왔니?"

"예! 형들하고 같이 왔어요."

"왜 왔니?"

"솔직히 말해서 아내를 구하러 왔어요."

"네 형들이 오면 거기에서 멈추라고 해라. 그다음에 무얼 하면 되는지 말해 주마."

오요는 형들이 오기만 기다렸다. 드디어 형들이 왔다.

"여기에서 기다리래. 카긴칸이라는 자가 무얼 하면 되는지 말해 준대."

마침내 카긴칸이 나왔다.

"이리 오세요."

형들은 카긴칸이 이끄는 곳으로 갔다.

"이곳은 격투장입니다. 우리 마을에 청혼하러 온 청년은 먼저 격투를 해야 합니다. 이건 우리 마을의 오래된 풍습입니다."

격투장은 얼음판이었으며 온통 피로 얼룩져 있었다. 핏자국으로 볼 때 이긴 자가 패한 자를 어깨에 둘러메고 머리를 그대로 얼음에 내리친 것 같았다. 카긴칸이 마을에 가서 소리쳤다.

"우리의 무사들은 어디에 있느냐? 우리에게 청혼을 하러 왔다. 이리 나와 구혼자들을 맞이해라!"

무사가 와서 격투를 하자고 했다. 이 무사를 이긴 사람이 아직 한 명도 없다고 했다. 큰형이 옷을 벗자 오요가 말했다.

"잠깐 기다려! 잘못하다 형이 저자의 손에 죽을 수도 있어. 나는 죽어도 상관없으니 내가 싸우는 편이 더 나을 것 같아."

"알았다. 그런데 내 신발과 바지를 입는 게 좋겠구나."

"상관없어. 아까 내 옷을 입고서도 형들을 앞질렀잖아. 이대로 싸울게."

형들이 한목소리로 말했다.

"그래! 저 어리석은 녀석하고 무슨 말을 하겠어! 무슨 일이 벌어지는지 두고 보자!"

오요는 웃옷을 벗었고 카긴칸이 불러온 무사는 이미 얼음 위에서 기다리고 있었다. 오요가 말했다.

"네가 먼저 공격해!"

무사가 먼저 오요를 공격했는데 무사는 무척 빨리 지쳐갔다.

"오요! 힘으로는 너를 이기지 못할 것 같구나!"

싸우는 광경을 지켜보던 형들이 속으로 생각했다.

'어떻게 해! 이제 우리 오요를 죽이겠구나!'

오요가 말했다.

"자, 그대로 있어라! 이번에는 내가 너를 공격할 차례다!"

오요가 무사에게 달려들어 몇 번 몸을 뒤집더니 어깨에 짊어지고 머리를 얼음에다 냅다 내리쳤다. 그 순간 오요는 너무 좋아서 그 자리에서 꽥꽥거렸다. 사람들이 소리쳤다.

"카긴칸! 대체 이게 무슨 일입니까? 우리 무사를 죽였어요! 오요가 우리 무사를 죽였어요!"

카긴칸이 말했다.

"에이, 천하에 몹쓸 오요 같으니! 오요를 반드시 죽여야겠어!"

카긴칸이 오요에게 말했다.

"윗도리를 입어라. 이제 달리기 내기를 할 것이다."

그리고 뉴니예에게 소리쳤다.

"뉴니예! 순록을 이곳으로 몰아와!

이때 마을에서 가장 빨리 달린다고 명성이 자자한 남자가 나타났다. 형들이 앞다투어 달릴 준비를 했다. 오요가 말했다.

"그럴 필요 없어. 저자가 형들보다 빠를 거야. 내가 나가는 게 더 나아."

"알았어. 그런데 오요야! 내 스키와 신발을 신는 게 좋겠어."

"방금 전에 내 스키를 타고도 형들을 앞질렀잖아. 상관없어."

"알았어! 그럼 그대로 달려. 결과가 안 좋을 텐데…."

카긴칸이 말했다.

"달리기는 저 샘 옆에서 끝난다. 먼저 도착하는 사람은 막대를 들고 샘 옆에 서 있고 나중에 도착하는 사람은 샘에 가서 머리를 숙여 물을 마시면 된다. 그 순간 승자가 온 힘을 다해 막대기로 패자를 때린다. 이것은 규칙이다. 어쩔 수 없다. 자, 출발해라!"

달리기를 할 사람들이 앞으로 힘차게 뛰쳐나갔다. 오요는 까마귀 가죽으로 만든 스키를 타고 뛰다 보니 첫발부터 뒤처졌다. 하지만 오요는 금방 상대를 따라잡았는데 마치 누가 오요에게 줄을 묶어 끌어당기는 것처럼 빨리 달렸다. 오요는 눈 깜작할 사이 상대를 앞질렀다. 상대는 뒤에 처졌는데 오요가 너무 빨리 달리는 바람에 상대는 달리는 것이 아니라 그냥 서 있는 것처럼 보였다. 이미 어둠이 짙게 깔렸다. 드디어 한 사람이 모습을 드러냈지만 한 사람은 아직 보이지 않았다. 사람들이 소리쳤다.

"저어어기 한 사람이 보인다!"

까만 점처럼 보였던 사람이 점점 가까이로 다가왔다. 형들이 조그만 목소리로 소곤거렸다.

"어머 세상에! 우리 오요인 것 같아!"

움직이는 모습으로 동생임을 대번에 알아보았다. 샘에 다가왔는데 정말 오요였다. 형들이 말했다.

"아이고, 오요야! 어찌 된 일이냐? 중간에 되돌아왔니?"

"아니야, 끝까지 갔다가 오는 거야."

"그런데 네 상대는 어디 있니?"

"모퉁이를 돌 때부터 이미 내가 앞섰어. 그래서 어디에 있는지 몰라."

사람들이 소리쳤다.

"카긴칸! 이게 무슨 일이오? 오요가 우리 중 가장 발이 빠른 사람을 앞질렀소!"

카긴칸은 눈물을 흘리면서 말했다.

"아이고! 못된 오요가 우리 사람을 이기고 말았어!"

그리고 오요에게 와서 말했다.

"샘으로 오너라. 우리 사람이 와서 물을 마시기 시작하면 이 몽둥이로 때려라."

뒤에 처졌던 사람이 도착했다. 세상에! 그의 운명은 어찌 될 것인가! 도착하자마자 물을 마시러 갔고 오요가 그를 몽둥이로 때리기 시작했다. 사람들이 소리쳤다.

"카긴칸! 대체 이게 무슨 일이오! 오요가 우리 중 발이 가장 빠른 사람을 죽였소!"

"알았소! 좋소! 이제 담비처럼 민첩한 사람을 불러오시오. 이번에 정말로 오요를 죽여야겠소."

바로 그때 키는 아주 작달막하지만 화려하게 차려입은 남자가 나타났다. 카긴칸이 오요에게 말했다.

"이제는 뜀뛰기 대결을 할 것이다. 대결 장소는 바로 저기 위쪽이다. 아래에는 우리 사람들이 창을 들고 털을 곤두세우고 서 있을 것이다. 제대로 뜀뛰기를 못하는 사람은 곧장 창으로 떨어져서 그 자리에서 죽게 될 것이다."

형들이 대결을 준비하자 오요가 다시 형들에게 말했다.

"내가 나가는 게 더 나아. 나는 변변치 않으니까 죽어도 상관없어. 그 누구도 우리의 영광스러운 오요가 죽었다고 말하지는 않을 거잖아."

"그래 좋다! 원한다면 오요, 네가 나가라."

둘이 뜀뛰기를 위해 절벽으로 올라가자 오요가 말했다.

"네가 먼저 뛰어, 나는 네 뒤에서 조용히 뛰어내릴게."

남자는 뜀뛰기를 아주 오랫동안 열심히 준비해 왔기 때문에 자신감이 넘쳤다. 남자가 뛰어내렸고 오요도 그 뒤를 따라 뛰었는데 상대 못지않게 민첩하고 강했다. 오요가 상대의 머리 위로 날아올라 머리를 발로 차니 상대는 그대로 무시무시하고 날카로운 창으로 곤두박질쳤다. 그리고 오요는 아주 안전한 곳에 사뿐하게 내려앉았다. 그 순간 사람들이 통곡했다.

"아이고! 세상에! 아이고! 카긴칸, 이게 대체 무슨 일이오! 담비처럼 민첩한 우리 사람이 죽었소!"

카긴칸은 흐느껴 울었다.

"오오오! 저주받을 오요가 우리를 이겼소! 어쩌겠소! 뉴니예를 불러오시오! 지금 어디에 있소? 모두 활과 화살을 들고 이리 오라고 하시오."

그 순간 활과 화살로 무장한 뉴니예가 나타났다. 카긴칸이 그에게 말했다.

"이 청년들이 우리 사람들을 모두 이겼소!"

"그렇다면 이 청년들의 청혼을 받아들여야지요."

"물론 그래야지."

뉴니예가 형제들을 가까이로 오라고 한 뒤 말했다.

"내게 화살 세 대가 있소. 내가 직접 쏘겠소. 첫 번째는 큰형, 다음은 둘째, 다음은 셋째를 위한 것이오. 그렇게 세 번을 쏘겠소!"

차례대로 화살을 세 번 쏜 뒤 오요에게 말을 했다.

"오요! 네가 이겼다! 너는 가장 훌륭한 아가씨를 얻게 될 것이다. 이제 모두 자신의 화살을 찾아 떠나시오. 화살이 떨어진 곳에 가면 집이 있는데 이 집에 당신들의 아내가 있을 것이오. 제일 먼저 큰형이 가 보시오."

큰형이 화살을 따라가니 집이 있고 집 안에는 아가씨가 앉아서 바느질을 하고 있었다. 집은 무척 좋았고 집 주위에는 엄청 많은 순록이 이끼를 뜯고 있었다. 이 모든 것이 아가씨의 지참금이었다.

둘째 형도 화살을 따라갔다. 큰형과 똑같은 집이 있어 안을 들여다보니 아가씨가 있었다. 형들 모두 아내를 맞이했고 순록과 집을 가지게 되었다. 오요의 아내는 아가씨들 중 가장 뛰어나고 예뻤으며 집도 가장 좋았다. 곧 오요에게 필요한 모든 것이 갖추어졌다. 오요는 아름다운 옷으로 갈아입었는데 오요인지 몰라볼 정도였다. 멋지게 차려입은 오요를 본 사람들은 그 아름다움에 너무 놀라 벌어진 입을 다물지 못했다.

저녁에 모두 모여 음식을 준비하면서 이야기를 나누었다.

"이제부터는 막내 오요를 두목으로 모셔야 되겠어. 오요가 우리에게 이렇게 멋진 삶을 선물했잖아! 그래! 이제부터는 오요가 우리 두목이다! 아침에 모두 함께 집으로 가자!"

아침에 형제들이 카긴칸에게 물었다.

"집에 가도 됩니까?"

"이제는 당신들이 주인입니다. 당신들 마음대로 하십시오. 집으로 가신다고 해도 누구도 왜 집에 가냐고 물어보지 않을 겁니다."

곧 형제들은 짐을 챙겨 집으로 향했는데 오요가 맨 앞에 서서 갔다.

## 리니날필리나의 복수

언젠가 두 형제와 킬리프나우트라는 막내 여동생이 있었다. 형제들은 자라면서 엄청난 수련을 통해 강인함과 민첩함을 길렀다. 그 결과 활을 쏘아 나무 화살촉을 부러뜨릴 만큼 강하고 민첩해졌다. 형제보다 강하고 민첩한 사람은 세상 어디에도 없었다. 아직 시집을 가지 않은 여동생 킬리프나우트는 매일 툰드라에 가서 원수 집안의 남자와 사랑을 나누었다. 하지만 오빠들은 이 사실을 까마득하게 몰랐다. 킬리프나우트는 아이를 가졌다. 어느 날 툰드라에서 연인을 만난 킬리프나우트가 말했다.

"우리 오빠들을 죽이자!"

"말도 안 돼! 왜 네 오빠들을 죽여! 친오빠들이잖아! 게다가 네 오빠들은 엄청 강하고 민첩하잖아. 나는 네 오빠들을 죽일 만큼 강하지 않아. 잘못하다가 내가 죽을 수도 있어."

"내가 아이를 낳으면 오빠들이 원수의 아이를 낳았다고 펄펄 뛰면서 당장 나를 죽일 거야. 그러니 오빠들을 죽여야 돼."

"그렇다면 할 수 없지! 어떻게 하면 오빠들을 죽일 수 있는지 알려 줄 수 있겠지?"

"아주 쉬워. 오빠들이 잠든 사이 오빠들이 활과 화살을 보관하는 창고로 가서 칼로 활시위를 자른 다음 툰드라로 창을 가지고 갈게. 그 창으로 오빠들을 죽여. 아무리 잘난 오빠들이라도 어떻게 할 수가 없을걸? 그러니 오늘 밤에 툰드라로 와. 오빠들을 죽이는 방법은 정말 간단하지?"

"알았어! 좋아! 일단 빨리 집에 가!"

킬리프나우트가 집에 가자 오빠들이 물었다.

"킬리프나우트야! 왜 이렇게 늦게 오니?"

"조금 오랫동안 툰드라에 있었어."

어두워지자 오빠들은 잠이 들었다. 킬리프나우트는 활과 화살을 보관하는 창고로 가서 활시위를 칼로 자른 뒤 창을 가지고 툰드라로 달려갔다. 연인과 함께 집으로 가 오빠들에게 소리쳤다.

"어떻게 하면 좋아! 아아악! 오빠들! 적이 왔어, 빨리 일어나!"

오빠들이 일어나 창고로 달려갔지만 활시위가 모두 잘려 있었다. 급한 마음에 창을 찾았지만 창도 없었다. 오빠들이 집으로 돌아오자 연인이 진두지휘하는 적들이 오빠들을 무참히 공격했다. 오빠들은 몇 번 공격을 당하더니 맥없이 땅에 고꾸라졌다. 킬리프나우트의 연인이 말했다.

"킬리프나우트야! 이리 와 봐! 네가 오빠들을 죽이자고 했고 나는 반대했잖아. 그런데 사실 오빠들을 죽일 필요가 없었어. 네 오빠들은 아주 힘이 없고 보잘것없어. 잘 봐. 우리가 네 오빠들을 어떻게 했는지…."

킬리프나우트가 오빠들을 보면서 말했다.

"아니야, 오빠들은 아직 죽지 않았을지도 몰라. 오빠들이 죽었는지 시험해 봐! 윗입술을 베어 봐. 큰오빠부터 시작해!"

연인이 큰오빠의 윗입술을 베었다. 오빠는 조금의 떨림도 없었다. 죽은 것이 확실해 보였다. 그러자 연인이 킬리프나우트에게 말했다.

"이놈은 정말로 죽었어. 그럼 작은오빠는 어떤가 한번 베어 봐야겠군!"

연인이 작은오빠의 윗입술을 칼로 베자 오빠가 몸을 떨었다. 작은오빠의 심장은 큰오빠의 심장만큼 튼튼하지가 않았다. 그뿐 아니라 큰오빠보다 어려 아픔을 더 크게 느꼈다. 킬리프나우트가 연인에게 말했다.

"죽여!"

킬리프나우트의 연인이 작은오빠를 창으로 찌르자 그 자리에서 마지막 숨을 힘겹게 몰아쉰 뒤 최후를 맞이했다. 연인이 말했다.

"이제 우리 집으로 가자."

연인의 집에 가서 함께 살기 시작했다. 둘은 뜻대로 부부가 되었고 아이를 낳았다. 리니날필리나는 일어나 동생을 화장한 다음 친척이 사는 알류토르크쿠로 가서 치료를 했다. 리니날필리나는 곧 건강을 되찾았지만 이후 10년을 더 그 친척 집에 살면서 힘을 길렀다. 드디어 리니날필리나가 말했다.

"이제는 때가 된 것 같아요. 제게 여동생이 있던 것 아시죠? 그 아이를 찾아 아주 고통스럽게 죽여 줄 거예요."

리니날필리나는 사촌 형제들, 조카들을 비롯해 친척들을 모두 불러 모았다.

"여동생을 찾아 아주 고통스럽게 죽여 주자!"

"그래, 다 같이 가자!"

이른 봄 눈보라를 따라 북쪽으로 갔다. 아침 녘 동생의 마을에 도착한 리니날필리나는 마을 사람들에게 물었다.

"제 여동생의 집이 어디죠?"

사람들이 손가락으로 여동생의 집을 가리켜 주었다.

"저기요, 보이죠? 저기가 당신 여동생의 집이오."

여동생의 집에 도착한 리니날필리나는 천막집 꼭대기에 올가미를 던져 집을 옆으로 쓰러뜨렸다. 갑작스러운 일에 놀란 여동생이 뛰어나와 남편에게 말했다.

"누가 우리를 공격하는 거죠? 적은 대체 누구죠?"

리니날필리나가 말했다.

"입 닥쳐라! 너희에게 죽임을 당할 뻔했던 입술 없는 적들이다!"

오빠를 알아본 여동생이 말했다.

"오빠! 뭐 하는 거야? 조심해! 여기에는 오빠의 조카들이 있어!"

"내게 조카 따위는 없다. 내게 형제자매는 없다."

리니날필리나가 그 집의 일꾼들에게 말했다.

"여보시오! 이리로 순록들을 몰아오시오!"

일꾼들은 순록들을 집 쪽으로 몰아오면서 아주 광폭한 늙은 수소 두 마리도 같이 데리고 왔다. 일꾼들이 여동생을 잡아 순록들 옆으로 끌고 왔다. 리니날필리나는 여동생의 양발 복사뼈에 구멍을 뚫은 뒤 구멍에 줄을 걸어 각각 두 마리 소에 단단히 묶은 뒤 소들을 풀어놓았다. 소들이 사방으로 미친 듯이 달려가면서 여동생은 둘로 갈라졌다. 이후 그 소들을 멈추게 한 뒤 여동생의 한쪽 다리를 끌고 와 다른 다리 위에 얹어 두었다.

리니날필리나는 이렇게 말하면서 킬리프나우트의 아이들도 죽였다.

"이 아이들을 살려 두면 나중에 내 적이 될 것이 분명하다!"

킬리프나우트의 남편이 울면서 살려 달라고 했다. 리니날필리나가 말했다.

"너는 죽이지 않겠다. 너는 죄가 없기 때문이다. 내 여동생에게 모든 죄가 있다. 그래서 그 아이를 극형에 처한 것이다."

리니날필리나는 다른 적들에게도 말했다.

"이제 우리는 돌아갈 것이다. 너희 순록의 반은 내가 가져가겠다. 나에게 왜 순록의 절반을 가져가느냐고 묻는다면 이렇게 답을 할 것이다. 너희가 내 동생을 죽였기 때문이라고…. 그에 대한 보복이라고 말이다. 너희는 우리에게 용서받지 못할 악행을 저질렀다. 애초에 너희가 내게 이렇게 못된 짓을 하지만 않았어도 내가 너희 순록의 반을 가져가는 일은 생기지 않았을 것이다. 또 여동생을 극형에 처하고 조카들을 죽이는 일도 벌어지지 않았을 것이다. 내가 너희에게 분노하는 이유는 또 있다. 너희는 내 윗입술을 잘랐다. 당시 너희 중 입술을 자르지 말자고 한 자는 아무도 없었다. 그러니 너희 일꾼의 반도 내가 데려간다."

리니날필리나는 순록과 일꾼의 반은 데려가고 반은 그들에게 남겨 놓았다. 리니날필리나는 무사히 집으로 돌아왔다. 그 후 친척들은 그를 '입술 없는 사람'이란 의미로 아바밀카키라고 불렀다. 아바밀카키가 낯선 곳에 온 일꾼들에게 말했다.

"이제부터 여러분 하고 싶은 대로 하세요. 이 순록은 여러분의 것입니다. 잘 지키고 보호하세요. 단 제가 순록 고기가 먹고 싶다고 할 때는 언제든지 순록을 잡아 주세요."

이렇게 모두 평온하고 행복하게 살았다.

# 날렵한 미비트

옛날에 미비트라는 남자가 있었는데 누구도 따라올 수 없을 만큼 엄청 날렵했다. 거위를 보면 그 자리에서 달려들어 잡아 버리는 바람에 거위는 날아가는 시늉도 못했다. 잡은 거위를 허리춤에 찔러 넣고 집으로 달려가는데 어찌나 빠른지 허리춤에 있던 거위들은 부리를 흔들다가 결국 죽고 말았다.

미비트는 사냥을 하러 산에 갈 때도 활을 가져가지 않았다. 양이 보이면 눈 깜짝할 사이 쫓아가서 잡았기 때문에 활이 필요 없었다. 어느 날 해변에서 거위 떼를 보고 쫓아가다 보니 다른 마을에 가게 되었다. 그를 본 사람들의 말에 따르면 그는 엄청 보폭이 컸는데 보통 사람의 열 걸음이 그의 한 걸음에도 못 미친다고 했다. 미비트를 죽일 수 있는 사람은 없었다.

어느 날 미비트는 추바 지역에 가게 되었다. 그런데 그가 돌아올 때는 수많은 추바인들이 미비트를 죽이려고 몰래 따라왔다. 당시 미비트는 어마어마한 장작더미를 메고 있었는데도 추바인들은 그를 따라잡지 못했다. 경악을 한 추바인들은 잠시 걸음을 멈추고 미비트의 발자국을 들여다보았다.

그 잠깐 사이 미비트는 이미 아주 먼 곳까지 가 있었다. 당시 한 추바인이 이렇게 말했다.

"그를 죽이는 것은 불가능합니다. 게다가 죽일 이유도 없소. 그냥 가게 내버려 둡시다. 어쨌든 우리는 그를 쫓아갈 수가 없소."

하는 수 없이 추바인들은 집으로 되돌아갔다. 당시 미비트의 발자국은 추바 지역에서 알류트 지역까지 이어졌다. 그때 미비트는 이고이비산에서 구한 장작을 등에 짊어지고 있었는데 걸음이 너무 빨라 장작끼리 부딪히는 바람에 장작에 불이 붙어서 미비트가 장작을 벗어 던지는 일도 있었다.

# 무사 자매

먼 옛날 팔란인 중 니리기르긴이라는 무사가 있었다. 니리기르긴는 팔란 해안가 절벽에 집을 짓고 아내와 살았다. 니리기르긴에게는 두 딸이 있었는데 아들은 없었다. 딸들은 아버지와 함께 끊임없이 힘과 날렵함을 수련한 결과 얼마 후에는 아버지에 버금가는 무사가 되었다.

카흐탄 마을에 무사 형제가 살았다. 큰형은 누테미고 동생은 미키필류였다. 어느 날 바다와 만나는 타스키트강의 하구에 큰 고래가 밀려왔다. 고래를 발견한 카흐탄 마을 사람은 주변 마을 네 곳에 사는 모든 사람들을 불러 모았다. 사람들은 고래 고기를 먹게 되었다는 기쁨에 하나둘 구름같이 모여들었다. 그 이야기를 들은 니리기르긴도 고래 고기를 가지러 갔다. 아닌 게 아니라 그곳에 가니 고래가 있는데 어째서인지 사람들은 넋을 놓고 고래를 바라만 보고 있었다. 니리기르긴이 물었다.

"저기 해변에 고래가 있는데 어째서 그냥 앉아 있소?"

"우리에게 고래 근처에도 못 오게 합니다. 고래 고기를 가져가긴 다 틀렸어요."

"대체 누가 그럽니까?"

"고래 옆에 있는 누테미와 미키필류라는 무사 형제가 고래 근처에 얼씬도 못 하게 하네요."

니리기르긴이 고래에 올라가니 누테미가 덤벼들면서 몸을 꽉 잡았다.

누테미가 미키필류에게 말했다.

"미키필류! 고래 비계를 아주 작게 잘라서 이리 가지고 와."

미키필류가 고래 비계를 잘게 잘라 니리기르긴이 있는 곳으로 가지고 오자 누테미가 니리기르긴의 바지를 내리고 고래 비계를 쑤셔 넣었다. 바지가 고래 비계로 가득 차자 누테미가 말했다.

"자, 이제 행군하며 집으로 가거라! 우리가 준 고래 비계를 네 딸들에게 주어라."

니리기르긴는 뒤도 안 돌아보고 곧장 집으로 갔다. 집에 도착한 니리기르긴을 맞이하러 딸들이 나왔다.

"아버지! 고래 비계 가지고 왔어요?"

"물론이지. 빨리 먹자."

아버지가 바지에서 고래 비계를 꺼내자 큰딸이 심하게 화를 내면서 물었다.

"누가 바지에 고래 비계를 집어넣었어요?"

"무사 형제가 내 바지를 내리더니 고래 비계를 쑤셔 넣더구나."

"누구죠? 아버지를 조롱한 자들이 대체 누구에요?"

"누테미와 동생이다. 그자들은 엄청나게 힘이 세단다."

아버지의 이야기를 들은 큰딸이 화를 억누르지 못하고 동생에게 말했다.

"이자들과 싸우러 가자. 이자들은 아버지를 아주 심하게 모욕했다. 해마 가죽으로 만든 옷을 입거라."

무사 자매가 고래 위에 앉아 있는 무사 형제에게 갔다. 무사 형제는 어깨춤을 추어 가며 고래를 자르고 있었다. 무사 자매가 대뜸 고래에 올라가자 누테미가 말했다.

"너희가 여기에 왜 왔니? 너희보고 고래에 올라오라고 한 적 없는데!"

"어째서 우리 아버지의 바지에 비계를 넣었느냐?"

"나와 내 동생이 힘이 세니까 그럴 수 있지 뭐."

큰언니가 격하게 화를 냈다.

"그러면 힘을 겨루어 이 고래를 나누자."

"너희는 우리를 이길 수 없어. 누구도 우리를 이기지 못해."

"좋다! 길고 짧은 것은 대 봐야 아는 법! 우리가 너희에게서 고래를 빼앗아 오겠다. 대결에서 지는 자가 고래를 떠나는 걸로 하자."

고래 위에서 힘겨루기를 시작했다. 결국 무사 자매가 무사 형제를 고래에서 쫓아냈다. 무사 자매가 사람들에게 말했다.

“자, 이리 오세요. 고래 고기를 가지고 가세요!”

사람들이 고래를 모두 나누어 가지고 가는 동안 누테미 형제는 해변에 서서 물끄러미 바라보기만 했다. 형제는 고래를 포기할 수 없어 고래에게 다가왔다. 그러자 무사 자매는 형제가 고래 근처에 오는 것을 결사적으로 막으면서 밀어냈다. 아무리 용을 써도 형제는 자매를 이길 수가 없었다. 그렇게 해서 무사 형제는 빈손으로 집으로 돌아갔다. 모든 사람들이 고래 손질을 끝내고 집으로 돌아간 뒤 고래가 있던 곳에 온 무사 형제는 헛웃음만 날리면서 불쌍하게도 모래에 떨어진 고래 비계를 찾고 있었다. 다른 사람들이 먹을 수 없다고 생각해 버린 비계 조각이 형제에게는 너무나도 소중했다.

그런데 애석하게도 니리기르긴은 딸들이 결혼하는 것을 원하지 않았다. 사실 많은 청년들이 청혼을 했지만 니리기르긴이 거부하면서 모두 쓸쓸히 발길을 돌려야 했다. 딸들은 어느덧 어엿한 아가씨가 되었는데도 아직 결혼을 하지 않았다. 어느 날 아침 함께 식사를 하던 중 딸들이 아버지에게 말했다.

"아버지! 말씀드릴 게 있어요. 이제부터 식사를 마친 뒤 칫솔질은 하지 마세요. 그러다 이가 망가지면 식사를 더 이상 못 하게 되겠죠? 어쩌면 그때가 되면 아버지가 우리에게 무엇을 잘못했는지를 깨닫게 될까요? 우리의 결혼을 막는 거는 정말 잘못하시는 거예요."

이후로 아버지는 식사 후 더 이상 칫솔질을 하지 않았다. 언제부턴가는 이의 상태가 너무 나빠져서 먹을 수도 잘 수도 없었다. 니리기르긴이 딸들에게 말했다.

"그래, 이제 나는 너희가 힘들어하는 이유를 알게 되었다. 너희는 남편이 없으니 정말 불행한 처지로구나. 다소 늦었지만 이제라도 남편감을 찾도록 해라."

## 기억을 잃고 툰드라를 헤맨 인탈라트

키치가 마을에 인탈라트라는 사람이 있었다. 어느 날 인탈라트의 기억에 문제가 생겼고 급기야는 판단력까지 완전히 잃어버렸다. 그 상태에서 창과 총만 가지고 툰드라로 가서 5년 동안 방랑 생활을 했다. 하지만 5년 동안 자신에게 일어난 일을 아예 기억하지 못했다. 이후 차츰 기억이 돌아왔다. 주위를 둘러보면서 조금씩 어느 지역인지 기억하기 시작했다. 어느 날 인탈라트가 말했다.

"여기는 로팟카만인 것 같은데? 캄차카에 있는 페트로파블롭스크 근처 같은데…."

인탈라트는 집을 찾아 하염없이 걸어가다 다시 기억을 잃었다. 자신이 무얼 하는지 어디로 가는지 아무것도 알 수가 없었다. 그러다 다시 주위를 둘러보니 고향에서 멀지 않은 곳이었다. 이를 알아차린 인탈라트가 말했다.

"제발, 이제는 집에 갔으면 좋겠어."

순록이 있는 곳에 천막이 있어 곧장 그리로 달려갔다. 천막에 들어가니 아바크라는 남자가 홀로 천막 안에 앉아 있었다. 아바크는 인탈라트를 보고 환하게 소리를 지르면서 기쁨을 감추지 못했다.

"이봐, 인탈라트! 어서 와!"

"그래, 반가워!"

그런데 아바크는 기억을 잃은 인탈라트가 너무 두려워 인탈라트와 멀리 떨어진 곳에 자리를 잡고 앉았다. 이를 눈치챈 인탈라트가 말했다.

"아바크! 나를 두려워하지 마. 나는 이제 기억을 찾았어. 집에 가는 중이야."

"그렇구나! 그럼 순록 고기를 먹자. 많이 시장할 텐데."

"그러자. 배가 무진장 고파."

아바크는 새끼 순록을 잡아 손질한 후 삶아서 배불리 맛있게 먹었다. 식사가 끝난 후 아바크가 말했다.

"그럼 이제 자자. 내일 아침 아주 일찍 일어나야 하거든."

"밤이어도 상관없어. 지금 당장 집으로 갈 거야."

아바크가 지금은 밤이어서 위험하다고 한사코 만류하는 바람에 아바크의 집에서 밤을 보냈다. 다음 날 이른 아침 잠에서 깨어나 차를 마신 뒤 키치가에 있는 집으로 향했다. 눈 깜박하는 사이 날이 저물었지만 집은 아직 멀기만 했다. 주위는 눈으로 덮여 있었기 때문에 인탈라트는 빨리 걸을 수가 없었다. 그러다 산기슭에 도착했는데 이미 어둠이 짙게 깔려 있어 한 치 앞도 보이지 않았다. 산기슭에는 나무가 무성했다. 주위를 둘러보던 인탈라트는 왼쪽 산기슭 약간 높은 곳에서 불빛을 발견했다. 인탈라트는 혼잣말로 중얼거렸다.

"저기에서 누군가 밤을 보내는 게 분명해. 저기로 가야겠어. 어차피 오늘 안에 집으로 가기는 틀렸어. 완전히 어두워졌는걸."

불빛이 비치는 곳으로 갔더니 한 남자가 인탈라트에게 다가왔다.

"안녕하시오. 어디에서 오는 길이오?"

"저는 키치가 마을 사람입니다. 한 5년 정도 툰드라에서 살다가 지금에야 집으로 돌아갑니다."

"인탈라트! 오늘 밤은 내 집에서 주무시고 내일 집으로 가도록 하시오."

집 안에 들어가니 주인이 새끼 곰을 삶아 주어 배불리 실컷 먹었다. 주인이 말했다.

"자, 잡시다!"

"그럽시다. 빨리 자야겠소. 엄청 고단합니다."

"나는 집에 불을 좀 피워야겠소. 혹시 한밤중에 깨어 나를 보더라도 놀라거나 두려워하지 마시오."

"저는 원래 아무것도 두려워하지 않소."

인탈라트는 그 자리에서 잠에 곯아떨어졌다. 집 안은 점점 추워졌다. 한겨울이었다. 주인은 집에 불을 지피면서 곰처럼 무언가를 갉기 시작했다. 그러다가 집 한쪽 벽을 앞발로 치기 시작했다. 이상한 소리에 잠에서 깨어난 인탈라트는 주위를 둘러보다가 주인이 내는 소리라는 생각에 아무렇지도 않게 다시 잠이 들었다. 어느덧 봄이 되었다. 주인이 인탈라트를 깨웠지만 인탈라트는 계속 자고 싶었다.

"왜 이렇게 일찍 깨우는 거요?"

"일찍이라니요? 벌써 봄입니다."

"지금 나를 놀리는 거요! 어떻게 봄이란 말이오? 어제 저녁에 잠이 들었잖소."

"어제가 아니고 작년 첫눈이 올 때였습니다. 그때 당신이 내 집에 와서 함께 잠이 들었소."

인탈라트는 밖에 나가 자신의 소총과 창을 보면서 생각했다.

'대체 이게 무슨 일이지? 어제 여기에 온 것 같은데…. 그때 첫눈이 왔는데 벌써 봄이 되다니….'

다시 집 안으로 들어가니 주인이 물었다.

"그래, 밖은 어떻소?"

"글쎄요…. 그게…. 벌써 봄이 되었네요. 어떻게 이런 일이 있을 수 있죠? 내가 여기에 왔을 때는 눈이 막 내리기 시작했는데…. 벌써 봄이라니…."

"자, 곰 고기부터 먹읍시다. 식사가 끝나면 집으로 가시오. 당신의 집은 가까이에 있소. 밖은 따뜻하니 옷이 얇아도 얼어 죽지는 않을 것이오. 아무 일도 없을 테니 걱정 마시오. 무사히 집에 갈 수 있을 거요."

인탈라트는 곰 고기를 먹고 나서 떠날 채비를 했다. 소총의 줄을 잘 펴서 어깨에 메고 창은 손에 들었다. 주인이 인탈라트에게 말했다.

"여기에서 나가면 저기 보이는 고개로 가시오. 첫 번째 고개에 이르러 나를 돌아보시오. 그러면 내가 누군지 알게 될 것이오. 다시 한번 말하지만 첫 번째 고개에서 나를 보면 내가 누군지 확실히 알게 될 것이오."

인탈라트는 길을 나섰다. 첫 번째 고개에 올라 뒤를 돌아보니 같이 겨울을 보낸 친구가 거기에 서 있는데 사람이 아니라 큰 곰이었다. 인탈라트가 말했다.

"세상에! 내가 곰과 함께 겨울잠을 잤군. 사람과 친구가 되었다고 생각했는데 알고 보니 곰과 친구가 되었네. 내가 5년 동안 툰드라를 헤매면서 굶는데 이력이 나서 겨울 내내 먹지 않고 잠만 자도 살 수 있었던 거야. 어쨌든 내가 살아난 게 중요하지. 아마 내가 기억을 못 하는 동안에도 나는 무언가를 했을 거야. 분명해."

인탈라트는 고개를 넘어 마을로 내려갔다. 마을에 오니 거의 한낮이 되었다. 마을 사람들이 먼발치로 누군가 마을로 오는 것을 보고 반가운 체를 했다.

"이게 누구야? 도대체 누가 온 거야?"

인탈라트가 다가가니 사람들이 너도나도 달려 나왔다.

"어머! 이게 누구야? 도대체 어디에서 오는 거야?"

"인탈라트예요!"

"어이쿠! 인탈라트가 드디어 왔구나. 인탈라트가 왔어! 자네를 오랫동안 정말 오랫동안 기다렸네. 우리는 자네가 이미 오래전에 죽었다고 생각했어. 그래서 언제부턴가는 자네를 그리워하는 일도 접어 두었지. 자네가 툰드라로 떠난 지 어느덧 5년이 지났어."

사람들은 이것저것 꼬치꼬치 묻기 시작했고 인탈라트는 생각나는 부분만 대답을 해 주었다.

"툰드라에서 무엇을 먹고 살았나?"

"저도 잘 모릅니다. 툰드라의 삶에 대해서는 전혀 기억나는 게 없어요. 어느 날 페트로파블롭스크 근처에서 마을을 발견했어요. 그 순간 불현듯 우리 집이 그곳에서 북쪽이라는 생각이 들더군요. 그래서 집으로 향했어요. 가다 보니 순록이 보여 잡아먹으려고 몰래 다가가서 조준을 했는데 알고 보니 순록이 아니라 큰 회색 바위더군요. 그래서 생각했죠. '제기랄! 내게 무슨 일이 일어나고 있는 거야? 순록이라고 생각했는데….' 바위 주위를 조심스럽게 둘러봤지만 역시 바위더군요. 대략 300사젠[3] 정도 지나가서 몸을 돌려 보니 또 순록이 있더군요. 그 순간 한 통이나 되는 탄약을 아껴서 무엇 하나, 밑져야 본전이니 한번 쏘아 보자라는 생각이 들더군요. 다시 몰래 가서 조준을 하고 보니 또 큰 바위더군요. '좋다! 아무려면 어떠냐. 한번 쏘아 보자!'라는 생각에 총을 쏜 뒤 가서 보니 순록이 죽어 있더군요. 얼른 순록에게 달려가서 내장을 들어내고 가죽을 벗긴 뒤 골수부터 먹었어요. 비계는 길을 가면서 먹으려고 남겨 두었죠. 가죽은 중간을 자른 뒤 옷이라고 하기도 뭐하지만 아무튼 겉옷처럼 입고 다녔죠. 그런대로 따뜻했어요. 그 기운에 집을 향해 계속 걸었죠. 오다가 순록 떼와 천막을 발견했는데 그곳에는 아바크가 살고 있더군요."

인탈라트는 집에서 혼자 살기 시작했다. 사실 인탈라트는 누구와 살 수 있는 형편이 안 되었다. 아내가 있었지만 옆집에서 따로 살았다. 인탈라트가 아내에게 말했다.

"내 정신이 완전히 돌아올 때까지 같이 살 수 없을 것 같소. 같이 살게 되면 내가 당신을 죽이든가 아니면 당신에게 못된 짓을 할 것만 같소. 그게 너무 두렵소. 그러니 내 정신이 온전해질 때까지는 따로 삽시다. 모든 게 정상으로 돌아

---

3) 사젠 : 미터법 채용 이전 길이를 재는 단위로 약 2.134미터다.

오면 예전처럼 함께 삽시다."

정말이지 그들은 이후 함께 살게 되었다. 인탈라트 아내의 이름은 나비야이비트였다. 그들은 5년을 함께 살았고 이후 인탈라트는 세상을 떠났다.

# 임카의 아들 피니난

쿠투크섬[4)]에 임카라는 아주 강인한 남자가 있었다. 아내, 딸 쿠나비트, 아들 피니난[5)]과 함께 살고 있었다. 임카에게는 타비틴이라는 사촌 형이 있었는데 아내는 둘이었지만 아이는 없었다. 어느 날 임카와 친척들은 수많은 적들이 가까이에 와 있다는 소문을 들었다. 상황을 타개하기 위해 임카와 친척들이 모여 상의하던 중 타비틴이 말했다.

"여기 마을에서 싸웁시다. 그러면 적들을 전멸시킬 수 있을 겁니다."

임카가 말했다.

"마을 안에서 싸우는 것은 좋지 않아요. 마을에 피가 흐르고 피 냄새가 나는 것은 좋지 않아요. 마을에서 멀리 떨어진 툰드라에 가서 싸웁시다."

그 시각 적들은 이미 가까이에 와 있었다. 임카와 친척들은 마을 밖으로 나가 적들을 가까운 툰드라로 유인해 싸우

---

4) 쿠투크섬 : 캄차카 지협 동쪽 해안 키치가 마을에서 북쪽에 있는 작은 섬이다.

5) 피니난 : '타오르는 관솔'이라는 의미다.

기 시작했다. 제대로 싸우기도 전에 적들은 도망가느라 바빴다. 임카는 가지고 있던 화살이 떨어지자 창으로 싸웠다. 임카는 분노에 차서 창을 던졌고 창이 없어진 뒤에는 도끼를 꺼내 던졌다. 동물 뼈로 만든 임카의 도끼는 용감하게 적들의 머리를 잘랐다. 그런데 임카가 도끼를 잘못 던지는 바람에 도끼가 적의 갑옷에 가서 꽂혔다. 임카는 도끼를 빼내려고 광폭하게 날뛰면서 적을 이리저리 흔들어 댔지만 도끼는 빠지지 않았다. 그때 옆에 있던 적이 임카의 겨드랑이 밑을 창으로 찔렀다. 거의 죽을 지경에 이른 상태에서도 임카는 적을 열 명이나 더 죽였다. 결국 임카는 숨을 멈추면서 죽음을 맞이했다. 임카의 아들 피니난은 오른손에 부상을 입었다. 결국 타비틴 혼자 싸워야 할 상황이었다.

"피니난! 이제 그만 싸우고 집으로 가거라. 나 혼자 싸우겠다. 이제 적이 얼마 남지 않았으니 혼자 다 처치할 수 있을 것이다."

피니난은 곧장 집으로 갔다. 엄마가 물었다.

"아버지와 삼촌은 어디에 계시니?"

"아버지는 이미 이 세상에 없어요. 돌아가셨어요. 타비틴 삼촌만 남겨 두고 왔어요. 지금 혼자 적들에 맞서 싸우고 있어요. 저는 오른손에 화살을 맞았어요. 그래서 삼촌이 저보고 집으로 가라고 했어요."

적이 얼마 남지 않은 상황에서 타비틴이 강기슭을 둘러보는데 조카 쿠나비트가 어디론가 달려가고 있었다. 타비틴은 나머지 적들을 모두 죽이고 집으로 돌아와 사람들에게 말했다.

"식사를 한 뒤 툰드라에 가서 임카를 데려옵시다."

식사를 하고 임카를 데리러 툰드라에 갔더니 임카가 흘린 피로 주위가 붉게 물들어 있었다. 임카의 아내는 목 놓아 통곡하기 시작했다. 임카를 집으로 데리고 왔다. 그때 번뜩 정신을 차린 임카의 아내가 물었다.

"그런데 쿠나비트는 어디에 있어요? 아까부터 안 보여요."

타비틴이 말했다.

"조금 아까 봤어요. 강가를 달려가고 있었어요."

쿠나비트의 엄마가 말했다.

"혹시 쿠나비트가 어디로 달아난 건 아닐까요?"

임카의 장례식이 끝난 뒤 타비틴이 말했다.

"가서 쿠나비트를 찾아보겠어요."

먼저 키치가 마을로 갔다.

"여기에 쿠나비트가 오지 않았나요?"

"안 왔는데요."

이번에는 레킨니키 마을[6]로 갔다.

"혹시 여기에 쿠나비트라는 아가씨가 온 적 있나요?"

"우리 마을에 쿠나비트라는 아가씨가 있소."

타비틴은 무척 기뻤다.

"너무 기뻐요! 제 조카예요!"

쿠나비트에게 가서 이야기를 나누면서 물었다.

"집에 갈래? 어떻게 할래?"

"집에 가지 않을래요. 여기에서 결혼을 했어요."

혼자 집으로 간 타비틴은 집안 사람들에게 이야기했다.

"쿠나비트는 레킨니키 마을에서 살고 있어요. 집에 가자고 했더니 싫다고 하더군요."

쿠나비트의 엄마가 말했다.

"그렇군요. 그곳에서 살겠다는 그 아이의 뜻을 지켜 주고 싶어요. 그 아이가 원하는 대로 내버려 두세요. 결혼을 했을 수도 있지만 아니어도 상관없어요."

타비틴이 조카 피니난에게 말했다.

"빨리 몸을 회복하도록 해라. 조만간 적이 또 쳐들어올 텐데 나 혼자서는 도저히 막을 수가 없을 거다."

피니난은 겨울 무렵 조금 건강을 되찾았다. 어느 날 삼촌 타비틴이 피니난을 찾아왔다.

---

6) 레킨니키 마을 : 캄차카 지협 서쪽 해안에 있는 마을이다.

"피니난아! 말린 생선을 가지고 오너라. 칼루비카강 옆 구덩이에 있다."

아침에 일어나자마자 피니난은 서둘러 말린 생선을 가지러 갔다. 말린 생선이 보관되어 있는 구덩이에 가서 뚜껑을 열고 아래로 내려가 말린 생선을 부지런히 챙기고 있었다. 그런데 갑자기 적들이 구덩이 속을 보면서 피니난에게 이죽거렸다.

"이봐, 세상에! 임카의 뜨거운 관솔이 꺼져 버렸네! 으흐흐흐! 불쌍해서 어쩌나!"

피니난은 위쪽을 쳐다보면서 적에게 일침을 가했다.

"천만의 말씀! 뜨거운 관솔이 기름을 먹어서 엄청 활활 타고 있어."

그 말이 끝나기 무섭게 피니난은 구덩이 위로 뛰어 올라갔다. 피니난이 너무 빠른 속도로 뛰어나오는 바람에 적들은 창을 휘둘러 보지도 못했다. 너무 놀란 적들은 피니난을 창으로 찌르려다 서로를 찌르고 말았다. 사실 적들은 구덩이 앞에서 망을 보면서 피니난이 올라오면 창으로 찌르겠다고 온갖 폼을 다 잡고 있었다.

"피니난이 구덩이 밖으로 나오는 순간 창으로 찌르자."

밖으로 뛰어나온 피니난은 한쪽 다리를 들고 뛰면서 소리쳤다.

"임카의 아들 불타는 관솔이 꺼질 수는 없지. 항상 불을 태워야지!"

피니난이 적들에게 의기에 차서 말했다.

"나는 걸어갈 테니 너희는 순록을 타고 쫓아와라! 하하! 걸어가는 나를 너희는 순록을 타고 쫓아와도 못 잡을 거다!"

적들은 피니난의 뒤를 쫓았다. 피니난은 새가 날아가는 것 같았다. 집에 달려가 놀이를 하려는 듯 땅에 긴 기둥을 세운 뒤 외다리로 기둥의 맨 꼭대기에 서 있었다. 가까이에 다가온 적들은 피니난이 외다리로 기둥의 맨 꼭대기에 서 있는 모습을 보고 아연실색했다.

"피니난이 엄청 민첩해졌구나!"

피니난이 삼촌 타비틴에게 소리쳤다.

"삼촌, 활을 가져오세요!"

"거기서 뭐 하고 있니? 빨리 들어와! 적들이 바로 옆에 있단 말이야!"

"적들이 제 발로 걸어서 여기까지 왔어요. 적들을 죽인 뒤 얼른 들어갈게요."

적들은 기둥에 외다리로 서 있는 피니난에게 무차별적으로 활을 쏘기 시작했다. 하지만 적들이 쏘는 화살은 모두 땅에 박혔다. 피비린내 나는 전투가 시작되었다. 피니난은 순식간에 그것도 아주 깔끔하게 적들을 모두 죽였다. 하지만 한 명만은 죽이지 않고 집으로 돌려보냈다. 집에 돌아온 적이 동료들에게 이야기했다.

"이제 저 마을과 싸움을 하면 안 될 거 같아. 적들은 엄청나게 강하고 민첩해. 피니난이 말린 생선을 가지러 구덩이에 들어가는 것을 보고 창을 들고 피니난을 포위했어. 그런데 피니난이 갑자기 구덩이에서 뛰어나오더군. 얼마나 놀랐는지! 구덩이 옆에서 망을 보던 동료들끼리 창으로 찌르고 말았어. 난리도 아니었어! 그 즉시 순록을 타고 피니난의 뒤를 쫓아갔어. 피니난은 걸어갔지. 피니난은 걷는 게 아니라 새가 날아가는 것 같더군! 우리가 피니난의 마을에 가니 피니난이 외다리로 기둥 위에 서 있더군. 그래서 활을 쏘았지. 세상에! 우리가 쏜 화살은 모조리 땅에 가서 박혔어. 전투가 시작되었지. 어떻게 이럴 수가! 우리가 전멸했어! 나만 집으로 보내 줬어. 그래서 내가 말하는 거야. 다시는 그들과 싸우지 말자. 안 그러면 우리 모두 죽게 될 거야."

그 이후 적들은 피니난의 마을 근처에는 얼씬도 하지 않았다.

## 해안 코랴크인과 툰드라 코랴크인의 화해

옛날에 해안에서 정착 생활을 하는 해안 코랴크인과 툰드라에서 순록 사육을 하는 툰드라 코랴크인은 적대적이었다. 어느 날 순록 사육 예벤인, 캄차달인, 축치인의 공격을 받은 코랴크인은 전멸했다. 불행 중 다행인지 일곱 가구만은 목숨을 건졌다. 전투가 끝난 어느 날 한 남자가 용기를 내어 아들에게 말했다.

"아내를 구해 오너라."

"어디 가서 아내를 구하죠?"

"옆의 해안 코랴크인 마을에 가서 청혼을 해라. 그곳에 가면 아들 열 명과 딸 한 명을 둔 집이 있다. 그 딸에게 청혼을 해라."

"결혼은 고사하고 저를 죽이려 들 거예요."

"죽이고 싶으면 죽이라고 해라! 어쨌든 사람은 태어나면 한 번은 죽게 되어 있다!"

아버지의 말대로 청년은 옆의 코랴크인 마을에 청혼을 하러 갔다. 그곳에서는 많은 사람들이 활 겨루기를 하고 있었다. 그들 중 한 명이 낯선 청년을 보더니 시비를 걸었다.

"이봐, 저기 좀 봐! 늑대가 겁도 없이 혼자 오고 있어!"

"저자를 죽이자!"

"아니 왜? 아무 죄도 없는 사람을 왜 죽여? 이리로 오라고 해서 어디로 가는지 물어보자."

청년이 근처에 오자 물었다.

"어디 가?"

"당신들에게 청혼을 하러 왔습니다. 아들 열 명과 딸 한 명이 있는 집을 찾아왔습니다. 그 집 딸과 결혼하고 싶습니다."

남자 열 명이 집 안으로 우르르 몰려 들어갔고 맏형이 아버지에게 큰 소리로 말했다.

"이 청년이 여동생과 결혼하고 싶답니다. 이자를 죽이는 편이 나을 것 같습니다. 우리의 적입니다."

"아들들아! 사람을 죽이는 것은 좋지 않다. 청혼하러 온 청년을 죽이는 것은 죄악이다. 나는 정말 오래 살았다. 거의 100년을 살지 않았느냐. 하지만 청혼하러 온 사람을 죽이는 것은 한 번도 보지 못했다."

청년이 집 안으로 들어가자 아가씨의 아버지가 반갑게 맞아 주었다.

"아이고! 정말 귀한 손님이 왔군! 이리로 앉게!"

청년이 앉자 아버지가 딸에게 말했다.

"식사를 대접해라."

먼저 아버지가 음식을 준비했다. 고기를 자른 뒤 사람의 똥을 국에 넣고 그릇 대신 항아리에 담았다. 사람의 똥과 고기를 섞어 청년에게 내놓았다. 청년은 음식을 나무 숟가락에 한가득 퍼서 입으로 가져갔다. 갑자기 아버지가 청년의 손을 쳤다. 어떤 일이 벌어졌을까? 손에 들고 있던 숟가락이 저 멀리로 날아갔다. 청년은 무척 당황했다.

"먹으려는데 왜 손을 치십니까?"

"사람 똥을 먹는 사람을 본 적이 있나?"

"저는 주시기에 당연히 먹는 거라고 생각했죠."

"자네는 내 딸과 결혼하기를 간절히 원하는 것이 틀림없군. 내 딸을 아내로 맞이하게!"

청년은 뒤도 돌아보지 않고 아가씨의 방으로 들어갔다. 그곳에서 3개월을 같이 보냈다. 장인이 사위에게 말했다.

"이보게! 이제 이곳에 머문 시간은 이 정도면 충분하네. 딸아이를 데리고 자네 집으로 돌아가게. 여기서 나와 평생 살 수는 없는 노릇 아닌가. 자네 집으로 가게."

아버지는 멀찍이서 아들이 며느리와 함께 오는 모습을 보고는 집 안으로 뛰어 들어가 아내에게 말했다.

"이리 나와 보시오! 아들이 며느리와 함께 왔소!"

아버지 어머니는 기뻐 어쩔 줄 몰라 했다.

"우리는 하나뿐이 없는 네가 죽었다고 생각했다. 그러고 보니 이미 결혼을 했구나."

얼마 뒤 아버지가 아들에게 말했다.

"아들아! 작년에 축치인들이 우리의 순록을 모조리 빼앗아 갔잖니. 장인에게 가서 이에 대해 조언을 구해라. 장인은 이제 그 순록들은 자신들의 것이나 마찬가지라며 흔쾌히 순록을 찾으러 가자고 할 것이다."

청년은 아버지가 시키는 대로 장인을 찾아갔다.

"안녕하세요! 장인어른! 제가 왔습니다!"

"그래, 잘 왔다!"

큰처남이 물었다.

"어쩐 일이지?"

"아주 급하고 중요한 일이 있어 의논하러 왔습니다."

장인이 물었다.

"그래 무슨 일이냐?"

"작년에 축치인들이 우리가 기르던 순록을 모조리 빼앗아 갔습니다. 축치인들에게서 이 순록을 다시 뺏어 올 수 있을까요?"

그 자리에 있던 처가 식구들이 이구동성으로 말했다.

"좋다! 네가 이 축치인이 사는 곳을 알고 있다면 우리가 지금 당장이라도 가서 찾아오겠다."

"잘 알지요. 이 축치인은 여기에서 아주 가까운 곳에 살고 있답니다."

즉시 떠날 채비를 했다. 단단히 준비를 하고 북쪽으로 떠났다. 탈카프 마을의 툰드라에 도착해 순록을 빼앗아 간 축치인들을 만났다. 큰처남이 말했다.

"자, 축치인들은 이리 나오너라! 우리가 왔다! 작년에 너희가 빼앗아 간 우리의 순록을 찾으러 왔다!"

크바라르라는 축치인 무사가 대답했다.

"단언컨대 너희는 순록을 가져갈 수 없다!"

"순록을 가져가는 것은 그리 어렵지 않다! 너희는 우리를 막을 수 없다!"

"내가 다시 한번 말하지만 절대 가져갈 수 없다!"

큰처남이 동생들에게 소리쳤다.

"애들아! 준비해라! 싸우자!"

전투태세를 갖춘 뒤 코랴크인들이 축치인들에게 선전포고를 했다.

"자! 싸우자!"

크바라르도 즉시 젊은 축치인 전사들에게 말했다.

"자, 싸우자! 옆 마을의 코랴크인들이 쳐들어왔다!"

전투는 이틀 동안 계속되었는데 축치인들의 참패로 끝났다. 축치인 여인들을 포로로 잡아 왔다. 가난한 사람들, 젊은 사람들도 포로로 잡아 왔다. 엄청나게 많은 순록도 끌고 왔다. 이 이야기를 전해 들은 순록 사육 아버지는 날개가 돋아 하늘로 날아가는 기분이었다. 정말로 기뻐했다.

"우리 순록들을 찾아왔구나!"

이후 해안 코랴크인과 툰드라 코랴크인은 서로에 대한 적대감을 완전히 풀고 사이좋게 지냈다.

## 탄기들을 교화한 사냥꾼

사란 마을 근처에 코랴크인 사냥꾼이 있었는데 무척 민첩하고 강했으며 활 솜씨가 뛰어났다. 어느 날 아침 순록 사냥을 가면서 아내에게 말했다.

"사냥이 잘 안 되면 금방 돌아오겠소."

활과 화살을 들고 숲으로 갔다. 높은 산에 이르기도 전에 툰드라에서 아주 큼직한 순록 두 마리를 발견했다. 몰래 다가갔지만 어째서인지 활을 쏠 수가 없었다. 많은 시간이 지났다. 마침내 사냥꾼이 활을 쏘았다. 화살이 수컷에게 꽂혔는데 상처만 입었을 뿐 죽지는 않았다. 순록은 큰 걸음으로 깊은 산으로 달아났고 암컷은 그 자리에 서서 수컷의 뒷모습을 물끄러미 바라보았다. 무슨 일인지 잘 모르는 눈치였다. 그 순간 두 번째 화살을 쏘아 암컷의 등에 그대로 명중시켰지만 암컷도 달아났다.

"에이, 다 실패네!"

상처 입은 순록들은 산 깊은 곳으로 달아났다. 사냥꾼은 화살을 챙겨 수컷을 찾아 나섰다. 오랫동안 찾아다닌 끝에 순록을 찾아냈다. 그 옆에는 몸을 숨길 수 있는 아주 편한 장소도 있었다.

'에이, 순록들이 눈치채지 못하게 제대로 쏘았으면 더 좋았을 텐데. 두 번째 화살은 심장에 곧장 꽂혔어야 했어.'

다시 활을 쏘았다. 순록은 땅에 발이 박힌 듯이 전혀 움직이지 않고 그 자리에 서 있었다.

"아하! 순록이 그냥 서 있네! 화살을 한 번 더 쏘아야겠군!"

사냥꾼이 활시위를 당기려는데 갑자기 순록이 땅으로 고꾸라졌다. 순록은 아주 컸고 포동포동하게 살이 올라 있었다. 혼자서는 도저히 가지고 갈 수가 없었다. 어떻게 하지! 벌써 해는 지려 하고 집까지는 너무 멀고….

사냥꾼은 사냥물 옆에서 밤을 보내기로 했다. 예전에 캄차카 사람들은 가족 단위로 서로 떨어져 살았다. 마을은 없었다. 가족은 스스로 자신들을 보호해야만 했다. 적들이 자주 코랴크인을 습격해 세간과 식량을 훔쳐 갔다.

코랴크인들은 탄기들이 습격하는 것을 미리 알 수 있었다. 탄기들이 습격하는 날 밤이면 자고새들이 하늘 높이 날아올라 하염없이 울었기 때문이다. 그러면 코랴크인들은 방어 태세를 갖추거나 도망을 갔다. 사냥꾼이 숲에서 밤을 보내게 된 이 밤 바로 그런 일이 벌어졌다. 순록의 내장을 꺼내고 마른 장작을 아주 많이 모아 모닥불을 크게 피웠다. 사냥꾼은 되도록 집에 많이 가져가려고 고기를 많이 삶았다. 꼬챙이에 큰 고깃덩어리를 끼우고 모닥불 위에 올려놓았다.

밤이 되었다. 별 하나 없는 매우 어두운 밤이었다. 밤이 더 깊어지자 사냥꾼은 잠자리에 들 준비를 했다. 꼬챙이에서 고기를 꺼내 모닥불 근처의 깨끗한 풀 위에 놓은 뒤 다른 조각을 꼬챙이에 꿰었다. 마른 장작을 불에 더 넣으니 불이 더 활활 타올랐다. 자려고 눕자마자 어디선가 멀지 않은 곳에서 자고새 우는 소리가 들렸다.

'무슨 일이지, 곰이 가까이에 있나? 아니면 탄기들이 왔나?'

사냥꾼은 급히 불을 끄고 주변에서 들리는 소리에 모든 신경을 집중하면서 오만 가지 생각을 다했다.

'여기에 있다가 탄기들이 나를 죽이면 어떻게 하지? 내가 달아나면 사냥감을 모조리 가져가겠지…. 아니야, 그들에게 사냥감을 줄 수는 없어.'

순간 또 자고새 울음소리가 들렸는데 소리는 이미 가까이에 와 있었다. 사냥꾼은 싸울 준비를 했다. 마른 장작을 희미하게 타고 있는 불에 집어넣으니 불이 다시 활활 타올랐다. 고기를 불에서 조금 높은 곳에 올려놓았다. 얇은 윗도리로 허수아비를 만들었다. 얼굴 대신 비곗덩어리를 매달아 놓고 불에서 물러나 어두운 풀숲 사이의 편한 곳에 몸을 숨긴 뒤 무슨 일이 일어나는지 숨죽여 지켜보았다. 잠시 후 두런두런 말소리가 들려 사냥꾼은 서둘러 모닥불 근처로 갔다. 사냥꾼에게는 모닥불 주위에서 일어나는 일이 환히 보였다. 탄기들이 허수아비에게 화살을 쏘고 있었다. 허수아비가 흔들거리더니 땅에 쓰러졌고 비곗덩어리도 같이 땅에 굴러떨어졌다.

'저자들은 활을 잘 쏘지 못하는군. 내 얇은 윗도리 하나 제대로 맞히지 못하잖아….'

탄기들은 세 명이었는데 허수아비가 땅에 쓰러지자 모닥불로 다가와 소리쳤다.

"이봐! 여기에는 아무도 없어. 도망갔나 봐. 그런데 잘 익은 고기가 있어! 이게 웬 떡이냐!"

굶주린 탄기들이 고기를 향해 달려들었다. 고기는 이미 먹기 좋게 익은 상태였다. 탄기들이 고기의 절반을 먹어 치웠다. 사냥꾼은 활시위를 팽팽하게 당겨 나무 아래 앉아 있는 탄기에게 화살을 쏘았다. 탄기가 나무 쪽으로 천천히 기울어졌다. 다른 두 탄기가 비웃으면서 말했다.

"이봐! 뭐 해? 괜히 피곤한 척하지 마. 고기가 무척 맛있는데 더 먹어."

코랴크인 사냥꾼은 무척 힘이 셌다. 그의 화살은 적의 심장에 꽂힌 뒤 몸을 뚫고 나와 더 먼 곳으로 날아갔다. 그 바람에 탄기들은 아무것도 눈치채지 못했고 다시 게걸스럽게 고기에 달려들었다.

사냥꾼은 똑같은 방법으로 두 번째 탄기를 죽였다. 사태가 그쯤 되니 세 번째 탄기는 동료들이 피곤에 지쳐 자는 것이 아니라 죽었다는 사실을 알아차렸다. 탄기가 벌떡 일어나 도망가기 시작했지만 그리 멀리 가지는 못했다. 사냥꾼이 쏜 화살이 탄기의 종아리에 꽂혔다. 탄기가 고통스러워하면서 일어나 앉자 사냥꾼이 불 옆에 모습을 드러냈다. 탄기의 손을 묶고 다리의 상처에는 수지가 풍부한 도토리나무 껍질을 덮은 뒤 갓 잡은 순록 가죽으로 묶어 주었다. 그러자 곧 흐르던 피가 멈추었다.

아침에 동이 트자마자 사냥꾼은 탄기에게 고기를 들려 집으로 갔다. 집에 오니 아내가 탄기를 죽이지 말라고 했다.

"죽이면 안 돼요. 풀어 주어야 합니다. 그 대신 다른 탄기들에게 가서 전하라고 하세요. 이제부터 코랴크인을 공격하지 말라고요. 사냥을 하고 물고기를 잡으며 풀과 열매를 채집하는 편이 남의 것을 빼앗는 것보다 훨씬 낫다고요. 탄기들은 수많은 우리 사람들의 세간과 식량을 빼앗아 갔지만 형편이 나아지기는커녕 여전히 굶주림에 허덕이고 있어요."

사냥꾼은 한참 동안 곰곰이 생각했다.

"그렇소. 당신 말이 맞소. 이 탄기들은 나에게 아무런 해도 끼치지 않았소. 그들이 나를 잡았다면 내가 가진 것을 다 빼앗고 나를 죽였을 것이오. 그들은 아닌 게 아니라 거의 헐

벗은 채로 돌아다니고 있소. 사실 나는 탄기들에게 원한이 많소. 탄기들이 우리 가족을 습격하는 바람에 부모님이 돌아가셨소. 그들 때문에 나는 고아가 되었소. 하지만 다리가 낫는 대로 그를 풀어 주겠소."

사흘 뒤 탄기를 풀어 주었다. 그 후로 탄기들은 아주 드물게 특별한 경우에만 습격을 감행했다. 그때마다 많은 사람들이 탄기들을 풀어 주었고 그런 일이 거듭되면서 탄기들은 노략질을 아예 그만두었다.

## 소홀릴란의 아내

소홀릴란의 아내는 훌륭했다. 참으로 훌륭했다. 집 안은 항상 청결했고 깔끔하게 정리 정돈이 되어 있었다. 아내는 소홀릴란이 사냥에서 돌아오면 불을 피워 언 몸을 녹여 주었다. 소홀릴란의 아내는 침상에 까는 바다표범과 순록 가죽을 누구보다 부드럽게 다듬었다. 소홀릴란은 사냥에 지친 몸을 이 침대에 누이는 순간 정신을 못 차리고 스르르 잠이 들었다. 그 정도로 편안하고 따뜻했다. 몸이 녹아내리는 것 같았다. 장작과 얼음도 절대 떨어지는 법이 없었다. 소홀릴란은 또 어떠한가! 사냥물 없이 돌아오는 일이 한 번도 없었을 정도로 훌륭한 사냥꾼이었다. 소홀릴란 부부는 남부럽지 않게 행복하고 편안하게 살았다. 아내의 따뜻함이 이 가족을 더 훈훈하게 해 주었다.

하지만 운명은 짓궂은 장난을 시작했다. 자신에게 모든 것이 훌륭하게 갖추어지자 소홀릴란은 복에 겨운 나머지 인생의 불행을 찾아 떠났다. 그것이 불행의 시작인지도 모른 채…. 소홀릴란은 고기가 넘쳐 나고 집도 넓고 밝기 때문에 둘째 아내를 데려오고 아이들도 많이 낳는 게 좋겠다고 생각했다.

소홀릴란은 두 번째 아내를 맞이하기로 마음먹었다. 소홀릴란은 자신은 강하고 용감하고 건강하기 때문에 세상에서 가장 아름다운 아가씨를 아내로 맞이해야 된다고 생각했다. 이 사실을 알게 된 아내는 밀려드는 모욕감을 참을 수가 없었다. 아내는 툰드라로 가서 정령들에게 울부짖었다.

"소홀릴란이 제게 무슨 짓을 하고 있는지 들어 보세요. 소홀릴란은 새 아내를 맞이하려 해요. 그러면 저는 뒷전으로 밀려날 거예요. 젊은 아가씨가 집의 안주인이 되겠죠. 정말 제가 그렇게 별로인가요? 제가 집의 안주인이 아니었나요? 저처럼 동물 가죽을 부드럽게 손질할 수 있는 사람이 있을까요? 저처럼 바느질을 예쁘게 할 수 있는 사람이 있을까요? 저는 소홀릴란에게 친구가 많다는 걸 알아요. 그들도 지금 내 이야기를 들었을 거예요. 소홀릴란에게 벌을 주고 싶어요. 소홀릴란이 더 이상 저를 보지 못하게 하고 싶어요. 제 말도 듣지 못하게 하고 싶어요. 젊은 아가씨와 한 집에서 살 수는 없어요."

아내는 선한 정령들, 땅, 풀, 벌레, 새들의 정령들에게 새로 변신해 별나라로 가게 도와 달라는 주문을 외웠다. 또 자신을 모욕감에서 구해 달라고 애원했다.

"남편이 다른 아가씨와 결혼을 하고 싶대요. 그렇게 하게 내버려 두고 싶어요. 저는 조상님께 갈 거예요. 남편의 행복을 방해하고 싶지 않아요. 남편의 생각에 어긋나는 행동도 하고 싶지 않아요. 룰리텝켄 성좌님! 제 몸, 팔, 다리를 잡아가세요. 야누틀라우트님! 제 마음을 잡아가세요!"

그 순간 아내는 작은 회색 새를 보았다.

"어머나! 이 새를 까마득하게 잊고 있었네! 이 새는 분명 남편에게 모든 걸 말하겠지. 그래! 남편이 간절하게 나를 찾으면 다시 집으로 돌아오겠어."

"아하! 다 들었어! 소홀릴란에게 전해 주겠어. 너는 아직 젊고 튼튼해. 조상님께 가면 안 돼. 너는 조상의 별로 가는 불멸의 배를 타면 안 돼. 너는 더 살면서 남편을 도와주어야만 해."

그러나 소홀릴란의 아내는 새의 말을 듣지 않았다. 아내는 조상의 별로 날아가기 위해 공기보다 가벼운 아주 작은 조각으로 쪼개진 뒤 바닥에 흩뿌려졌다. 아내를 가여워하는 착한 정령들이 길을 가르쳐 주었다. 그날 저녁 집에 간 소홀릴란은 아내가 없어진 사실을 알았다. 소홀릴란은 초저녁부터 늦은 밤까지 아내를 찾아다녔다. 그는 툰드라의 먼 곳까지 쉬지 않고 걸어갔다. 찾다 지친 소홀릴란은 땅에 주저앉아 눈물을 흘리면서 땅에게 물었다.

"땅아! 너는 내 아내를 보았니? 아내가 간 길을 내게 가르쳐 주면 안 되겠니?"

땅은 말이 없었다. 땅도 소홀릴란에게 모욕을 느끼고 있었다. 명절 때마다 성화를 피우면서 정령들을 매수하고 조상들에게 공양을 하는 사람이 아내에게는 너무 무정한 것이 아닌가! 소홀릴란은 하늘과 땅의 정령, 바다와 툰드라의 정령에게도 물어보았지만 모두 한결같이 말이 없었다. 소홀릴란은 아예 땅에 벌렁 드러누워 눈물을 하염없이 흘렸다. 어디에 가야 아내를 찾을 수 있는지, 왜 아내가 자신에게 기분이 상했는지 도저히 알 길이 없었다.

"오! 툰드라의 정령님! 아내가 어디에 있는지 말해 주세요! 성화 옆에서 당신께 제물을 바치겠어요. 내 재산의 반을 배고픔에 굶주리는 사람들에게 나누어 주겠어요."

여전히 툰드라의 정령은 말이 없었다. 소홀릴란은 더 크고 더 세게 바다의 정령들을 불렀다. 그들은 내 아내를 보지 않을까? 바다의 정령들도 말이 없었다. 바다 위에는 갈매기만 끼룩끼룩 울며 날고 있었고 수많은 돌고래들은 분수를 만들면서 놀고 있었다. 심지어 해마와 바다표범도 소홀릴란 때문에 기분이 상해 바닷속으로 들어가 버렸다. 그들은 소홀릴란의 구질구질한 넋두리를 듣고 싶지 않았다. 그때 어디에선가 갑자기 작은 회색 새가 날아왔다.

"이봐, 소홀릴란! 울고 있어? 내 말을 잘 들어. 모든 게 네 잘못이야."

새는 자기가 본 것과 들은 것을 모두 들려주었다. 첫 번째 아내가 두 번째 아내 때문에 모욕감을 느껴 영원히 집을 떠나 조상님들에게 간 것이라고 했다. 집에 돌아온 소홀릴란은 성소(聖所)에 모셔진 땅과 물의 정령에게 기도하면서 아내를 찾아 나설 준비를 했다. 소홀릴란은 해마 가죽으로 아름다운 배를 만들었고 뒤편에 크고 날카로운 갈고리를 실었다. 그리고 배를 아주 가파른 절벽 바로 옆에 갖다 놓았다.

"신이시여! 당신은 우리의 주인입니다. 아내를 찾을 수 있게 도와주세요. 아내 없이는 단 하루도 살 수가 없어요. 아내를 집으로 돌려보내 주세요. 모든 잘못이 제게 있다면 제 삶을 거둬 가도 좋습니다."

소홀릴란은 배에 앉아 노로 바위를 두드리면서 아내를 찾으러 하늘로 날아갔다. 작은 물고기를 모으는 뜰채로 아내의 조각을 끌어모으면서 이 별 저 별 날아다녔다. 소홀릴란이 우주를 얼마나 오랫동안 돌아다녔는지는 알 수가 없다. 하여튼 아내를 모두 모아 집으로 돌아왔다. 소홀릴란은 성화에 불을 크게 지피고 아내를 넣은 뒤 감로수를 붓고 태양의 표식을 얹었다. 마침내 아내가 살아났다. 그 순간 소홀릴란은 아내에게 자신이 잘못했고 두 번 다시 두 번째 아내 같은 것은 생각도 않겠다며 손이 발이 되게 싹싹 빌었다.

부부는 다시 사이좋게 살았다. 마을 사람들은 소홀릴란

의 아내가 무척 훌륭하다고 입에 침이 마르게 칭찬을 했다. 다른 누구보다 소홀릴란이 가장 앞장서서 아내를 칭찬했다. 소홀릴란은 이제는 집에서 성화를 피울 때면 모든 정령들에게 말린 고기를 제물로 바친다. 그들에게 아내가 돌아오게 해 주어서 감사하다는 인사도 잊지 않는다.

## 부자와 가난한 형제의 지혜 겨루기

가난한 형제가 있었는데 너무 가난해서 도저히 살아갈 수가 없었다. 어느 날 형이 말했다.

"한 사람은 집을 지키고 한 사람은 부자에게 품을 팔러 가자."

그렇게 하기로 했다. 동생은 집을 지키고 형은 부자에게 품을 팔러 갔다. 부자가 말했다.

"늦봄까지 우리 집에서 일을 해라. 뻐꾸기가 울 때쯤 일을 끝내면 된다. 그런데 조건이 있다. 절대 화를 내서는 안 된다. 네가 화를 낼 경우 내게 순록 100마리를 주어야 한다. 반대로 내가 화를 내면 나도 네게 순록 100마리를 주겠다."

"안 됩니다. 제게는 순록 100마리가 없어요."

"괜찮다. 그럴 경우 내 집에서 늦가을까지 일을 하면 된다."

가난한 일꾼은 오랫동안 곰곰이 생각했다.

"좋소! 그렇게 하겠소. 저는 원래 화를 내지 않는 성격이오."

다음 날 아침 부자가 일꾼에게 순록을 보고 오라고 했다.

"밝을 때는 순록들을 보살피다가 어두워지면 집으로 돌

아와서 쉬어라."

일꾼은 하루 종일 순록들을 돌봤다. 석양이 지고 해가 넘어가서 집으로 돌아오니 주인이 말했다.

"왔느냐?"

"해가 지고 어두워져서 돌아왔습니다."

"맞다. 내가 어두워지면 집으로 돌아오라고 했다. 그런데 지금 달이 떠서 주위가 밝으니 다시 순록을 보살피러 가야 되는 것 아니냐? 내 말은 해나 달이 지면서 잠시 어두워지면 그때 집으로 돌아와서 쉬라는 말이었다."

"아니 어떻게 하라는 말입니까? 그 말대로라면 밤새 일을 해야 하는 것 아닌가요?"

"어허! 너 지금 화를 냈지?"

"아닙니다! 화를 내다니요!"

일꾼은 다시 순록이 있는 곳으로 갔다. 밤새 달이 떴고 일꾼은 밤새 순록 사이에서 일을 했다. 아침에 달이 지자 금방 해가 떠올랐다. 일꾼은 땅을 구르며 부자에게 욕을 퍼부었다.

"아이고! 이제 보니 나를 하루 종일 부려 먹으려는 속셈이었군! 자기는 일도 하지 않고 먹고 마시고 놀면서 말이야! 내 품삯도, 음식도 주지 않으려는 속셈이야!"

마침 주인이 근처에 있었다. 안타깝게도 일꾼은 주인을

보지 못했다. 불쑥 주인이 일꾼에게 말했다.

"너! 화냈지? 자! 내게 순록 100마리를 내놓아라! 순록이 없으면 늦가을까지 우리 집에서 일을 해야 한다."

일꾼은 늦가을까지 일을 했다. 품삯은 한 푼도 못 받은 채 빈손으로 집에 돌아왔다. 집에 오니 동생이 마중을 나왔다.

"형! 순록 가지고 왔어?"

형이 동생에게 부자가 자신을 속인 일을 모두 들려주자 동생이 말했다.

"이번에는 형이 집에 있어. 내가 가서 일을 할게."

동생이 부자의 집으로 일을 하러 가니 부자가 말했다.

"내 집에서 오랫동안 일을 하게 될 거 같구나. 뻐꾸기가 날아오기 전까지 일을 해라. 그런데 조건이 있다. 화를 내서는 안 된다. 화를 내면 내게 순록 100마리를 주어야 한다. 반대로 내가 화를 내면 네게 순록 100마리를 주겠다."

"좋소! 그렇게 합시다. 그런데 제게 순록 100마리는 조금 적습니다. 이렇게 하는 것이 어떻습니까? 먼저 화를 내는 사람이 순록 1000마리를 주는 겁니다."

부자는 오랫동안 생각했다.

"좋다! 그렇게 하자."

부자는 속으로 혼자 생각했다.

'아하! 조만간 엄청나게 많은 순록이 생기겠군! 생각만으로도 신이 나는걸!'

어느 날 아침 해가 떠오르는데도 일꾼은 계속 잠만 잤다. 부자가 일꾼을 깨우기 시작했다.

"이봐, 일어나! 정말 게으른 인간이로군! 해가 이미 중천에 떴는데 아직 잠만 자고 있을 거야!"

"당신 뭐야? 화낸 거야?"

"아니야, 화를 내는 게 아니라 그냥 말하는 거지. 순록들에게 갈 시간이 지났단 말이야."

일어난 일꾼이 마지못해 몇 걸음 떼자 주인이 말했다.

"빨리 서둘러! 일부러 늑장을 피우는 거지?"

"지금 나에게 화냈죠?"

"아니야! 화를 내다니…. 그냥 순록에게 가는 길이 멀다는 말이지 뭐. 순록이 너를 기다리고 있으니까…."

일꾼은 아주 꾸물거리면서 오래오래 옷을 입고 신발을 신었다. 그뿐인가? 무슨 세수는 그리도 오래 하는지…. 세수하는 데 얼마나 많은 시간을 허비했는지 이미 한낮이 되었다. 일꾼이 말했다.

"일하러 갈 시간이 이미 지난 것 같군요. 곧 어두워질 거예요. 식사부터 해야겠소."

식사를 마친 뒤 일꾼이 말했다.

"정말 잘 먹었소. 배가 너무 불러서 일을 할 수가 없으니 한숨 자고 일어나야겠소."

머리를 풀에 대고 저녁까지 잠을 잤다. 부자가 소리쳤다.

"이봐! 대체 언제까지 일은 안 하고 빈둥거리면서 놀 거야? 다른 사람들은 벌써 일을 마치고 돌아왔는데 너는 아직 나가지도 않았어!"

"하이고! 왜 그렇게 화를 내죠?"

"화를 낸 거 아니야. 그냥 평상시처럼 말한 것뿐이야. 벌써 해가 지고 있으니 그냥 네 방에 들어가도록 해."

"화를 내지 않았다니 다행이네요. 아닌 게 아니라 내 방에 가서 쉬는 게 낫겠죠?"

영악한 일꾼 때문에 주인은 심기가 불편했다. 일꾼은 일도 하지 않았고 주인에게 화도 내지 않았다. 주인은 일꾼을 내쫓기로 작정했다. 사실 주인도 영악하기는 마찬가지였다. 주인이 생각했다.

'이 영악한 녀석을 어떻게 하면 내쫓을 수 있을까? 나는 정말로 어리석어! 도대체 왜 뻐꾸기가 날아올 때까지 내 집에서 일을 하라고 했을까…. 봄이 되려면 아직 멀었잖아.'

부자는 오랫동안 생각한 다음 혼잣말을 했다.

"좋다! 일꾼을 속여서 집으로 보내 버리자."

집에 가서 아내에게 말했다.

"숲에 가서 잘 숨어 계시오. 일꾼과 나를 보면 뻐꾸기 소리를 내시오. 들키지 않게 꼭꼭 숨어 있어야 하오."

부자가 일꾼에게 말했다.

"사냥하러 가자."

총을 들고 사냥을 떠났다. 숲에 이르자 둘을 발견한 아내가 뻐꾸기 소리를 냈다.

"뻐꾹 뻐뻐꾹 뻐꾹 뻐꾹 뻐뻐꾹!"

"이 소리가 들리니? 뻐꾸기 소리 아니니? 벌써 뻐꾸기가 돌아왔네. 그래, 이제 네 일을 끝내도록 해라. 오늘 당장 집으로 가도 좋다."

일꾼은 부자의 계략을 눈치챘다. 부자에게 말했다.

"뻐꾸기가 겨울에도 돌아옵니까? 겨울 뻐꾸기의 정체가 궁금해지네요? 제가 그 뻐꾸기에게 총을 쏘겠습니다. 그런 다음 같이 정체를 파헤쳐 봅시다. 그런데 앗!"

일꾼이 뻐꾸기에게 총을 겨누자 부자는 일꾼에게 달려들어 총을 빼앗으면서 버럭버럭 화를 냈다.

"사람에게 총을 쏘면 어떻게 해! 그건 살인이야! 이건 뻐꾸기가 아니란 말이야!"

"아하! 당신은 지금 제게 화를 냈어요."

"네가 내 아내를 죽이려 했잖아!"

"사냥하러 숲에 가자고 한 것은 당신이에요!"

"알았어! 이제 됐으니 순록을 가지고 집으로 가!"

일꾼은 순록을 가지고 집으로 갔다.

## 예멤쿠트와 하예엘기트

어느 날 예멤쿠트가 쿠이킨냐쿠에게 말했다.

"네 친구들은 모두 어디로 갔니? 아예 그림자도 안 보이네."

"하예엘기트에게 청혼하러 갔어."

"그래? 나도 청혼하러 가야겠는걸."

"네가 거기를 왜 가! 네가 무슨 청혼을 하겠다는 거야!"

"상관없어. 그냥 그곳에 가 보고 싶어."

그곳으로 간 예멤쿠트는 눈이 휘둥그레졌다. 세상에! 웬 사람이 그렇게 많은지! 누군가 예멤쿠트에게 말했다.

"너도 왔구나. 우리는 집으로 가려던 참이야. 한참 전에 왔거든."

예멤쿠트가 집 안으로 들어갔다. 집에는 두 가족이 같이 살고 있었는데 한쪽에는 여성용 덧신이, 다른 쪽에는 남성용 덧신이 걸려 있었다. 예멤쿠트는 남성용 덧신이 걸려 있는 곳에 앉았다. 누군가 예멤쿠트에게 음식을 권했다.

"안 먹겠어요."

"왜?"

"그냥 먹고 싶지 않아요."

그때 마침 하예엘기트가 사냥을 갔다 집으로 돌아왔는데 남성용 바지를 입고 순록을 짊어지고 있었다. 집 안에 들어온 하예엘기트가 대뜸 엄마에게 말했다.

"먹을 것 좀 주세요."

아가씨가 식사를 하는 바람에 예멤쿠트도 어쩔 수 없이 같이 먹게 되었다. 그런데 아가씨가 고기 조각을 드는 순간 예멤쿠트가 아가씨의 손을 덥석 잡으면서 따져 물었다.

"왜 손님에게 먹으라는 말도 하지 않은 거죠? 그렇게 배가 고픈가요?"

예멤쿠트가 하예엘기트의 손을 세게 내리치자 하예엘기트는 얼른 자리에서 일어나 밖으로 나갔다. 예멤쿠트가 금방 뒤따라 나갔지만 바람같이 사라져서 도저히 찾을 수가 없었다. 예멤쿠트가 당황해 어쩔 줄 몰라 하는데 쿠이킨냐쿠의 여동생이 슬쩍 일러 주었다.

"사실은 그곳에 하늘로 통하는 통나무 입구가 있어요."

잠시 뒤 하예엘기트가 순록을 짊어지고 돌아와서 예멤쿠트에게 말했다.

"자, 여기 있어요. 순록 열 마리예요."

예멤쿠트는 순록 열 마리를 검지로 들어 올린 뒤 집 안으로 들어가서 하예엘기트에게 말했다.

"자! 우리 한번 재미있게 놀아 봅시다!"

둘이 집 근처에서 공놀이를 했다. 예멤쿠트 혼자 공을 가지고 놀았다. 누구도 예멤쿠트에게서 공을 빼앗아 올 수가 없었다. 그 광경을 본 하예엘기트의 아버지가 말했다.

"하예엘기트가 자네와 결혼을 안 하겠다고 떼를 쓰더라도 그 아이를 아내로 데리고 가게!"

예멤쿠트는 하예엘기트를 아내로 맞이한 뒤 집으로 돌아왔다.

## 쿳킨냐쿠와 샤먼들

쿳킨냐쿠의 딸이 도무지 잠에서 깨어나지 않았다. 쿳킨냐쿠는 딸을 잠에서 깨울 수 있는 약초를 캐러 나섰다. 온 세상을 헤매고 다니다 어느 해변에 이르렀다. 쿳킨냐쿠는 지치다 못해 급기야는 거의 네발로 기어 다닐 지경에 이르렀다.

'여기가 마지막 해변인데…. 여기에서도 약초를 구하지 못하면 영영 구하지 못할 텐데…. 어떡하면 좋단 말인가!'

그렇다. 쿳킨냐쿠는 온 세상을 헤매 다니다 결국 지구의 끝까지 가게 되었다. 그렇게 한탄을 하던 쿳킨냐쿠는 어느 집 입구에서 두 여인이 머리를 허리까지 떨어뜨리고 손에 북을 들고 나란히 춤을 추고 있는 광경을 보았다. 두 여인은 땅은 누가 만들었으며 이 세상에서 가장 뛰어난 샤먼이 누구인가를 놓고 말싸움을 시작했다. 한 사람은 예네틸네프비트였고 다른 사람은 예네니야우네비트였다. 두 여인의 말싸움은 끝날 줄 몰랐다. 쿳킨냐쿠는 두 여인의 이야기를 듣다 꾸벅꾸벅 졸았다. 너무 지루해서 여인의 긴 머리를 끌어당기면서 물었다.

"당신들은 어떤 병을 고칠 수 있소?"

"아니 당신은 조는 줄 알았는데…. 언제 우리가 하는 말을 들었소? 우리는 모든 병을 다 고칠 수 있습니다. 원인 모를 병에 걸린 많은 사람들이 우리를 찾아오지요. 우리는 그들에게 건강을 돌려주고 기쁨과 행복을 전해 주며 오랫동안 빛나는 삶을 살게 해 주지요."

쿳킨냐쿠는 두 여자 샤먼을 집으로 데리고 갔다. 그들을 딸의 양쪽 관자놀이 근처에 앉혔다. 이들은 그 정도로 작았다. 샤먼들은 북을 치면서 주술을 시작했다. 그런데 믿을 수 없지만 쿳킨냐쿠의 딸이 아침이 되자 잠에서 깨어났다. 샤먼들은 주술 의식을 하면서 딸에게 악령이 침범해 아픈 것이라고 알려 주었다. 딸은 샤먼들의 주문을 듣고 잠에서 깨어나면서 원기를 되찾았다. 더 이상 쿳킨냐쿠의 딸은 정신이 혼미해지는 일도, 불안에 몸을 떠는 일도 없어졌다. 쿳킨냐쿠의 딸은 샤먼들 덕분에 악령으로부터 해방되면서 완전히 건강을 되찾았다. 샤먼들은 쿳킨냐쿠의 딸에게 영원한 삶을 선사했다.

## 늑대에게 납치된 딸을 찾아온 샤먼 키트나

키트나에게 랄리나부트라는 딸이 있었는데 어릴 때 잃어버렸다. 이웃에 무리를 이루어 살던 늑대 스물여덟 마리가 랄리나부트를 훔쳐서 그곳을 떠났지만 부모는 그 사실을 몰랐다. 온 마을을 이 잡듯이 찾았지만 랄리나부트는 어디에도 없었다. 랄리나부트를 보았다는 사람도 없었다. 모두 랄리나부트가 죽었다고 생각했다. 6년이 지나도 랄리나부트가 돌아오지 않자 엄마 키트나가 샤먼 의식을 했다. 그때 키트나의 보조 정령이 말했다.

"네 딸이 왜 죽었는지 알고 싶지? 네 딸은 죽지 않았어. 랄리나부트는 북쪽의 탈카프 마을에서 늑대들과 같이 살고 있어. 벌써 오래전에 이곳에 늑대 스물여덟 마리가 떼를 지어 살고 있었어. 이 늑대들이 랄리나부트를 훔쳐서 그곳으로 달아났어."

아침에 동이 트자마자 키트나가 남편에게 말했다.

"이제 우리 딸이 어디에 있는지 알게 되었어요."

"어디에 있소?"

"아주 멀리멀리 떨어진 북쪽의 탈카프 마을에 살고 있어요."

"그런데 당신이 그곳까지 갈 수 있겠소? 당신에게 나쁜 일이 생길까 걱정이오."

"걱정하지 마세요. 절대 그런 일은 없어요. 늑대들과 같이 살고 있는 딸을 데려오는 것이 쉽지는 않지만 꼭 데리고 올게요."

"알았소. 가면서 먹을 음식을 준비하시오."

키트나는 가면서 먹을 음식을 아주 꼼꼼하게 준비했다. 고기를 삶고 말린 고기를 잘랐다. 어스름이 걷히기도 전인 이른 새벽, 잠에서 깨어나 식사를 하고 날이 밝자마자 길을 떠났다. 늑대로 변신했다. 얼마나 빨리 달렸는지 벌써 100 사젠을 지나왔다. 키트나가 달리는 모습은 늑대와 똑같았다. 순록을 기르는 첫 마을에 도착해 다시 사람으로 변신했다. 키트나를 본 마을 사람이 말했다.

"안녕하세요! 어디 가세요?"

"북쪽 탈카프 마을에 갑니다."

"어째서요?"

"내 딸이 그곳에서 늑대들과 같이 살고 있답니다."

"당신은 이미 늙었어요. 그곳까지 걸어서는 절대 못 가요. 제 순록을 빌려드릴 테니 타고 가세요."

"순록을 타고 가는 것은 무서워요. 그냥 걸어가는 편이 나아요. 딸을 찾으러 빨리 가야 합니다."

"그럼 원하는 대로 하세요. 내일 날이 밝는 대로 떠나세요."

아침에 날이 밝자마자 키트나는 곧장 길을 떠났다. 100사젠을 지난 뒤 마을 사람이 보니 늑대가 달려가고 있었다.

"그래서 당신이 우리의 순록을 타지 않고 그냥 걸어가겠다고 했군요."

키트나는 변신술을 사용할 줄 알았다. 키트나는 도중에 늑대를 만났고 서로 친구가 되었다. 키트나가 늑대에게 물었다.

"늑대들 가운데 보통 늑대와 다르게 생긴 늑대를 본 적 있소?"

"아주 먼 북쪽의 탈카프 마을 근처에 가면 늑대 스물여덟 마리가 있는데 그들 사이에 특이한 늑대가 있더군요."

"그 늑대가 제 딸이 틀림없습니다. 제 딸의 이름은 랄리나부트입니다."

"맞아요. 거기에 그런 이름의 늑대가 있었어요."

"고맙소! 이제 모든 사실을 알게 되었소."

키트나는 늑대가 가르쳐 준 대로 북쪽으로 곧장 달려갔다. 아주 부유한 마을에 갔더니 순록을 사육하는 축치인이 이것저것 물었다.

"할머니! 어디서 오는 길이오?"

"남쪽 키치가 마을에서 왔소."

"오호! 정말 아주 멀리서 왔군요. 키치가 마을이 어디에 있는지 잘 알지요. 그런데 왜 이렇게 멀리까지 왔소?"

"혹시 당신 마을에 늑대 떼가 있습니까? 늑대들이 당신을 괴롭힌 적은 없습니까?"

"아하! 바로 옆에 늑대 떼가 있지요! 어휴! 저를 엄청 힘들게 한답니다. 매일 밤 우리 순록들을 습격한답니다."

"이 늑대들이 6년 전 제 딸을 데리고 갔답니다. 올해야 그 사실을 알고 이렇게 찾아 나서게 되었지요. 아직 늑대들이 그 아이를 돌보고 있을 겁니다."

잠자리에 들 준비를 한 뒤 키트나가 주인에게 말했다.

"해가 뜨기 전에 일어나서 가 보겠습니다."

다음 날 아침 해가 뜨기 전에 일어나 서둘러 식사를 하고 차를 마셨다. 키트나가 모든 준비를 마치니 그제야 해가 어렴풋이 떠올랐다. 키트나는 늑대 떼가 순록을 잡아먹었다는 그곳으로 갔다. 늑대를 발견한 키트나는 해가 뜨는 반대 방향으로 주위를 돌며 늑대들이 눈치채지 못하게 노래를 부르면서 딸의 이름을 불렀다.

"랄리나부 우 우 트!"

랄리나부트는 그 순간 먹는 것을 멈추고 중얼거렸다.

"무슨 소리지?"

키트나가 다시 주위를 돌면서 또 딸의 이름을 불렀다.

"랄리나부 우 우 트!"

"분명 나를 부르는 소리 같아. 엄마가 온 것 같아."

세 번째로 키트나가 주위를 돌면서 딸의 이름을 불렀다.

"랄리나부 우 우 트!"

랄리나부트는 엄마가 자신을 부르고 있는 곳으로 한달음에 달려왔다.

"엄마! 엄마 맞지? 엄마가 온 거지?"

"그래! 엄마가 왔다! 엄마란다! 마을로 가자. 오늘은 거기에서 보내자. 좀 쉬어야겠구나. 이곳까지 아주 오랫동안 달려왔단다."

마을에 도착하니 해가 떠오르고 있었다. 키트나가 딸을 데리고 가니 축치인 집주인이 자신의 일처럼 기뻐했다.

"어머! 돌아왔군요. 늑대에게서 결국 딸을 찾아왔네요."

그 집에서 하루를 머물면서 쉬기로 했다. 축치인이 키트나에게 말했다.

"집으로 갈 때 순록 썰매를 타고 갈래요?"

"아니요. 그냥 걸어갈게요. 빨리 서둘러야 하거든요. 내일 당장 떠나겠어요."

다음 날 아침 해가 뜨자마자 길을 떠날 채비를 했다. 축치인은 집으로 돌아가는 키트나와 딸의 뒷모습을 물끄러미 바라보았다. 처음에 키트나와 딸은 사람처럼 걸었으나 100사젠 정도 지나고 나서는 늑대로 변신해 달려가고 있었다. 축치인이 말했다.

"오호! 늑대로 변신했네. 아무리 멀어도 금방 가겠는걸."

키트나와 딸은 집에 도착했다. 밖에 있던 남편은 두 마리 늑대가 나란히 마을로 뛰어오는 모습을 보았다.

"아내가 딸을 데리고 돌아오는 것 같군!"

그 시간 밖으로 나와 두 마리 늑대가 마을로 달려오는 모습을 본 마을 사람들이 웅성거렸다.

"저건 사람이 아니라 늑대잖아!"

키트나의 남편이 말했다.

"아니오. 제 아내와 딸이오. 어째서 동물이 마을로 달려오겠소?"

늑대들이 점점 더 가까이로 다가왔다. 집에서 100사젠 떨어진 곳에 오더니 키트나와 딸은 다시 사람의 모습으로 돌아왔다.

## 휘파람 부는 남자와 암말료

아주 오래전에 암말료가 부모님과 함께 살고 있었는데 아직 결혼은 하지 않았다. 어느 날 자고 있는데 휘파람을 불면서 한 남자가 불쑥 집 안으로 들어오더니 문턱에 서서 암말료를 물끄러미 쳐다보았다. 암말료는 화들짝 놀라 소리를 지르면서 부모님을 찾았다. 암말료의 비명 소리에 부모님은 잠에서 깨어났고 휘파람 부는 남자는 화급하게 도망을 갔다. 아버지가 암말료에게 말했다.

"이제 시집을 가야 될 때가 된 것 같다. 휘파람 부는 남자가 너를 마음에 들어 하는 것 같구나."

암말료는 시집가기가 싫어 아버지의 말에 아무런 대꾸도 하지 않았다. 어느 날 암말료는 열매를 따러 툰드라에 갔다. 휘파람 부는 남자가 숨어서 암말료를 지켜보고 있었는데 암말료는 전혀 눈치채지 못했다. 휘파람 부는 남자는 순식간에 암말료를 낚아채 순록에 태운 뒤 멀리 떨어진 자신의 집으로 데리고 갔다. 암말료는 그곳에서 살기 시작했다. 휘파람 부는 남자에게 음식을 만들어 주었고 함께 식사를 했으며 함께 툰드라에 갔다. 남자는 밖에 나갈 때면 항상 암말료에게 으름장을 놓았다.

“암말료! 지켜볼 거야! 도망갈 생각 따위는 아예 접어! 네가 어디를 가든 어차피 내 손아귀를 못 벗어나! 너는 도로 이곳으로 올 수밖에 없어.”

얼마의 시간이 지났고 암말료는 이루 말할 수 없을 정도로 집과 부모님이 그리웠다. 눈물을 훔치는 시간이 점점 늘어 갔다. 어느 날 아침 식사를 준비하고 차를 끓이다 고기에게 주술을 걸었다.

“고기야! 고기야! 남자를 깊은 잠의 나라로 데리고 가다오.”

식사 준비를 끝낸 뒤 남자를 깨웠다.

“일어나세요. 아침이 준비되었으니 빨리 드세요.”

암말료의 주문이 효력을 발휘했는지 남자는 일어나 식사를 마친 뒤 곧바로 단잠에 빠져들었다. 암말료는 집으로 갈 준비를 했다. 걸어서 갔다. 도중에 앉아서 잠시 쉬는데 뒤에서 남자가 순록을 타고 쫓아오는 소리가 들렸다. 암말료는 나무 사이에 몸을 숨겼다. 그런데 갑자기 나무 옆으로 순록이 뛰어오는 것이 아닌가! 암말료는 너무 놀란 나머지 정신을 잃었다. 정신이 든 암말료는 일어나 다시 길을 떠났다. 다시 또 남자가 순록을 타고 쫓아오는 소리가 들렸다. 바위 사이에 몸을 숨겼다. 이번에도 옆을 스쳐 지나갔으며 이번에도 암말료는 정신을 잃을 만큼 놀랐다. 암말료는 순록이 보이지 않자 그제야 바위 뒤에서 나와 집으로 달려갔다. 남자는 결국 암말료를 찾지 못했고 암말료는 무사히 집으로 돌아왔다. 부모님은 뛸 듯이 기뻐했다. 아버지가 말했다.

"이제는 내 말을 들어라! 시집을 가거라! 그러다간 휘파람 부는 남자가 너를 영원히 데려갈지도 모른다."

암말료는 아버지 말대로 시집을 간 뒤 다른 마을로 옮겼고 그곳에서 행복하게 살았다.

## 산삼을 구해 온 효자 문효손[7)]

오래전 아들이 엄마를 지극정성으로 보살피면서 함께 살고 있었다. 엄마는 날마다 여기저기 돌아다니면서 부지런히 일을 했다. 밭을 일구기도 하고 실을 잣기도 했다. 엄마와 아들은 먹고사느라 손에 땀이 마를 날이 없었다. 이웃들은 그들을 좋아하고 존경했다. 아들의 이름은 문효손이었는데 이는 효성이 지극한 아들이라는 의미다. 효손의 아버지는 이미 오래전에, 효손이 엄마 배 속에 있을 때 돌아가셨다. 하지만 엄마는 조금도 힘들어하는 기색을 보이지 않았다.

그런데 이들에게 불행이 찾아왔다. 엄마가 병에 걸려 자리에 눕게 되었는데 도무지 나아질 기미가 안 보였다. 아들은 엄마 곁을 떠나지 않았다. 밤낮을 가리지 않고 엄마를 간호했다. 엄마의 병에 좋다는 약초를 찾아 온 세상을 돌아다녔다. 하지만 불쌍한 엄마의 상태는 나날이 나빠졌다. 청년

---

7) <산삼을 구해 온 효자 문효손>은 '산삼'과 '효행' 모티프의 결합, 주인공의 이름을 볼 때 한국의 전역에서 전래되는 <동자삼 설화>와 유사하다. 한국 설화를 그대로 모방했을 가능성도 있지만 코랴크인 사이에서 전승되고 있는 만큼 한국인과 코랴크인의 관련성을 말해 주는 설화일 수 있다.

은 깊은 시름에 잠겼다.

'세상은 왜 이렇게 불공평할까? 착한 엄마와 내가 무슨 잘못을 했다고 우리에게 이런 시련이 생기는 걸까? 어째서 하느님은 엄마를 단 하루도 편히 살게 내버려 두지 않는 걸까? 엄마는 지금껏 손에 땀이 마를 날이 없었는데 몹쓸 병까지 걸리다니! 아! 불쌍한 엄마!'

이렇게 생각하던 청년은 힘없이 주먹을 쥐었다. 이웃들은 엄마가 가엾다며 맛있는 음식을 가져다주었지만 엄마는 아픈 와중에도 모두 아들에게 주었다. 엄마는 아들이 평생 배를 굶주리며 살아왔다는 사실이 애통하고 원통했다. 효손은 엄마의 병을 치료할 방법을 도무지 알 수가 없었다. 약초들을 구해 왔고 새와 동물들도 잡아 왔지만 모두 허사였다. 엄마는 아들을 보면서 생각에 잠겼다.

'내가 죽으면 아들 혼자 완전히 혈혈단신으로 남겨지겠지. 세상에는 나쁘고 못된 사람들이 얼마나 많은데….'

이런 생각이 들면 엄마는 참기 힘들 정도로 고통스러웠다. 눈물이 강물처럼 흘러넘쳤다. 이웃 사람들은 청년을 볼 때마다 한숨을 깊이 내쉬었다. 어느 날 한 이웃이 말했다.

"산삼만 있으면 자네 어머니의 병을 고칠 수 있다고 하네. 그런데 어디서 산삼을 구하겠는가?"

청년은 산삼을 찾기 시작했다. 산삼만이 병을 고칠 수

있다! 절대 잊으면 안 돼! 불가능해 보이지만 어떻게든 구해야지!

청년은 산을 다니면서 산삼을 찾기 시작했다. 그런데 이게 그렇게 쉬운 일인가! 그러면 모두 산삼을 캐러 다니겠지! 청년은 생각했다.

'산삼은 아주 운이 좋은 사람만이 찾을 수 있다지? 그럼 나는 찾을 수 없는 건가?'

청년은 쉬지 않고 산삼을 찾으러 다녔다. 어느 날 청년은 어릴 적 함께 놀던 아주 오래된 옛 친구 두 명을 만났다. 청년이 엄마를 위해 산삼을 찾으러 다닌다는 소문을 들은 친구들이 말했다.

"지금껏 네게 아무런 도움을 주지 못한 걸 용서해 줘. 네 엄마니까 우리에게도 엄마나 다름없지. 함께 산삼을 찾으러 가자. 태산의 깊은 골짜기에 산삼이 자란다는 말을 들었어. 그곳으로 함께 가자."

"고마워!"

그들은 서로에게 많은 도움을 주었는데 효손이 가장 인정 깊었다. 예전에 세 친구는 참 친했는데 시간이 흐르면서 친구들이 지나치게 탐욕스러워지는 바람에 우정이 깨졌다. 그래서 효손은 우정이 되살아난 것을 마음속 깊이 기뻐하고 있었다. 말한 대로 행동에 옮겼다. 친구들은 산삼을 찾으러 산으로 갔다. 비탈진 산길을 걸어가기도 했고 편평한 길을 걸어가기도 했다. 하지만 피곤함도 잊은 채 산 정상을 향해 쉬지 않고 올라갔다. 친구들을 보니 효손의 마음도 흐뭇해졌다. 서로 친형제나 다름없다고 생각했다.

'저 친구들은 부족함 없이 살면서도 나를 진심으로 도와주는구나. 친구가 금보다 귀하다는 말은 사실이었어.'

효손은 수정처럼 맑고 투명한 가을 하늘을 바라보았다. 자신과 친구들의 영혼도 가을 하늘처럼 맑아지는 것 같았다. 새와 짐승들이 이렇게 좋은 친구를 둔 자신을 시샘하는 것만 같았다.

절벽 위로 올라간 효손이 아래를 내려다보았다. 산허리의 오목 들어간 곳에 새빨간 꽃이 있어 신기한 나머지 소리쳤다.

"이리 와 봐! 정말 신기한 꽃이야!"

"이게 산삼이야!"

친구는 아버지가 장돌뱅이에게 산삼을 산 적이 있어 산삼을 안다고 했다. 정말 운이 좋았다! 세 친구 모두 꽃이 핀 곳으로 가는 길을 찾기 시작했다. 꽃은 모두 열두 송이였다. 그렇다면 마법의 산삼도 열두 뿌리가 있다는 것이 아닌가!

"빨리 내려가자! 그런데 어떻게 가지?"

효손이 자루에서 줄을 꺼내면서 말했다.

"너희는 줄을 단단히 쥐고 있어. 내가 줄을 타고 내려갈게."

"알았어! 발을 조심조심 디뎌! 산삼 줄기를 밟으면 안 돼!"

친구들은 줄을 꼭 잡고 있었고 자루를 멘 효손은 아래로 내려갔다. 효손은 엄마 생각으로 꽉 차 있었기 때문에 전혀 무섭지 않았다. 효손은 산삼이 있는 곳에 가서 조심스럽게 꽃을 어루만지면서 중얼거렸다.

"산삼아! 너무 고맙구나! 제발 우리 엄마를 빨리 낫게 해 줘!"

갑자기 어디에선가 나비 두 마리가 날아와 용기를 주려는 듯 효손의 머리 위를 날아다녔다. 친구들이 효손에게 재촉했다.

"빨리 파내! 조심해야 해! 산삼에 상처가 나면 안 돼!"

효손은 산삼을 파냈다. 산삼은 사람과 비슷하게 생겼는데 효손을 보고 웃는 것 같았다. 효손은 엄마가 산삼을 먹고 건강을 회복해서 완전히 젊은 사람으로 변한 듯한 환상에 빠져들었다. 생각만으로도 날아갈 것처럼 들떴다. 효손은 너무 기뻐 노래를 흥얼거렸다. 하지만 난생처음 겪는 아주 힘든 노동이었다. 효손은 열두 뿌리를 모두 파서 조심스럽게 자루에 넣은 뒤 친구들에게 소리쳤다.

"이봐, 먼저 자루를 끌어당기고 그다음 나를 올려 줘!"

자루가 위로 올라갔고 친구들이 환호성을 질렀다.

"야호! 산삼! 이게 웬 행운이냐!"

자루에는 열두 뿌리의 산삼이 들어 있는데 산삼이 얼마나 큰지 커다란 무 같았다. 산삼은 완전한 부를 보장해 준다. 친구들은 심장이 마구 뛰었다. 그들은 너무 흥분해서 정신이 혼미해졌다. 그 순간 친구들의 머릿속에 야릇한 생각이 떠올랐다. 셋이서 산삼을 나누면 네 뿌리씩 가지게 되지만 둘이서 나누면 여섯 뿌리씩 가질 수 있지! 산삼 여섯 뿌리는 돈다발로 변할 것이다. 기와집을 짓고 평생 먹을 걱정 없이 살 수 있다. 그 순간 두 친구의 마음이 통했다. 한 친구는 산삼 여섯 뿌리를 평양 감사에게 선물해 관직을 사야겠다고 생각했다. 한 친구가 다른 친구에게 말했다.

"이제 가자! 산삼을 우리 둘이 나누고 끝내자!"

친구들은 산삼을 가지고 달아났다. 효손은 친구들이 줄을 내려 주기만 애타게 기다렸지만 줄은 끝내 내려오지 않았다. 소리를 질러 친구들을 불러 보았지만 대답이 없었다. 효손의 애끓는 소리만 허공중에서 힘없이 부서졌다.

'나 혼자 여기 버려두고 간 건가?'

이렇게 생각하자 효손은 너무 슬펐다. 효손은 혹시 줄이 내려오지 않을까라는 기대로 위를 쳐다보며 오랫동안 앉아 있었다. 모두 부질없는 일이었다. 친구들은 떠났고 효손에게는 죽음만이 기다리고 있었다. 효손은 슬피 울기 시작했다.

'나는 죽어도 괜찮지만 불쌍한 우리 엄마는 어떻게 하나? 엄마가 나를 기다리면서 애간장을 태울 텐데! 친구들은 어째서 이렇게 신뢰를 저버린단 말이냐!'

어린 시절 생각이 났다. 어떻게 이런 일이 있을 수 있단 말인가! 아침까지도 다정다감한 친구들이었는데…. 산삼 몇 뿌리가 우정보다 값지단 말인가!

효손은 어떻게 해야 할지 알 수가 없었다. 밑으로 내려갈 수도 위로 올라갈 수도 없었다. 효손은 주먹으로 절벽을 치면서 큰 소리로 외쳤다.

"이 못된 놈들아! 너희 부모님이 아파도 이렇게 할 수 있느냐!"

갑자기 주위가 어두워졌다. 폭우가 쏟아지면서 그 사이로 불쌍한 짐승들의 울음소리가 괴괴하게 들려왔다. 마침내 날이 밝았다. 이 못된 놈들이 엄마를 불쌍히 여겨 엄마에게 한 뿌리라도 주면 좋으련만…. 제일 작은 것 한 뿌리라도…. 이놈들이 엄마에게 내가 절벽에서 굴러떨어졌다고 말하겠지. 엄마는 밤낮으로 나만 찾다가 슬퍼서 죽게 될 것이고…. 그러면 산삼도 필요 없겠지….

점점 더 슬픈 생각만 떠올랐다. 하루, 이틀이 지나 사흘째 되는 날이었다. 효손은 배가 고파 거의 죽기 직전이었지만 다행히 절벽 틈새에는 먹을 수 있는 풀이 자라고 있어 뜯어 먹었다. 그때 효손은 갑작스러운 사락사락 소리에 화들짝 놀라 눈을 뜨고 사방을 둘러보았다. 거대한 뱀이 혀를 빼물고 효손에게 기어 오고 있었다. 무얼 어쩌겠는가! 효손은 뱀과 싸워야만 할 것이다!

효손의 삶은 드디어 마지막 순간을 향해 다가가는 것 같았다. 효손은 절벽 아래로 떨어져 내리면서 소리쳤다.

"어머니!"

효손의 목소리가 메아리가 되어 평양까지 날아갔다. 효손은 기억을 잃고 쓰러졌다. 잠시 후 뱀이 효손의 근처로 와서 효손을 낭떠러지에서 끌어냈다. 정신을 차린 효손은 새들이 즐겁게 지저귀고 졸졸졸 흐르는 계곡의 물소리를 들었다. 머리 위에는 수정처럼 맑고 깨끗한 하늘이 걸려 있었다. 선도 악도 전혀 없는 천국 같았다. 효손은 소리쳤다.

"어머니!"

효손은 산에서 급하게 내려오면서 생각했다.

'이 못된 놈들은 사람의 탈을 쓰고 있지만 짐승만도 못해!'

그 순간 효손은 잎이 무성한 소나무 두 그루 사이에서 무지개가 자신을 향해 오고 있는 것을 보았다. 눈을 비빈 뒤 다시 보니 선녀가 웃으면서 자신에게 오고 있었다. 옷이 환하게 빛나고 있었는데 정말 아름다웠다. 효손에게 머리 숙여 인사한 뒤 산삼이 든 광주리를 내밀었다.

"착한 청년, 집으로 가세요. 엄마가 애타게 기다리고 있어요."

효손은 자신의 눈을 믿을 수 없었다.

'이게 꿈인가 생시인가?'

"저기 절벽 근처에 가면 친구들이 있을 거예요. 친구들은 탐욕에 눈이 멀어 죽음을 자초했어요."

선녀는 이렇게 말을 한 뒤 무지개 날개를 흔들면서 떠났다. 효손은 절벽으로 달려갔다. 친구들은 서로 목이 달라붙은 채 움직이지 못하고 있었다. 산삼을 가지고 싸울 때 번개가 그들에게 내리친 것 같았다.

# 해 설

## 코랴크인 설화의 특징

본 책에는 코랴크인 이야기 42편이 실려 있다. 까마귀 이야기 열여섯 편, 곰과 여러 동물 이야기 여섯 편, 악령 이야기 네 편, 용감하고 지혜로운 코랴크인 이야기 열여섯 편이다. 주제와 모티프에 따라 크게 신화적 동물담과 마법-모험담으로 나눌 수 있다.

신화적 동물담은 쿠이킨냐쿠 이야기와 무명의 까마귀 이야기로 나뉘는데 한국의 고대 삼족오(三足烏) 사상을 연상시킨다. 쿠이킨냐쿠 이야기의 주인공은 쿠이킨냐쿠인데 이야기를 토대로 쿠이킨냐쿠의 가계도를 그려 보면 아내는 까치 미티이며, 큰아들은 아맘쿠트, 둘째 아들은 키기기시냐쿠, 막내아들은 코트가누, 딸은 티니에네부트 혹은 티니아나부트고 늑대와는 사촌이다.[8]

---

8) <쿠이킨냐쿠와 여우>에서는 쿠이킨냐쿠의 아이들로 치치센, 리라, 우알라가 등장하는데 이는 지역에 따른 변형이다.

이야기 속에서 쿠이킨냐쿠는 첫째, 문제 해결사이자 웃음 유발자이며 동시에 장난꾸러기다. <비를 멈추게 한 쿠이킨냐쿠>에서 쿠이킨냐쿠는 마을에 비가 멈추지 않고 내리는 원인을 찾아 해결한다. <쿠이킨냐쿠의 여행>에서 고래 마을, 해마 마을에 간 쿠이킨냐쿠는 물을 마시려다 머리가 기우뚱하면서 균형 감각을 잃고 물통에 빠지면서 웃음을 유발한다. <쿠이킨냐쿠와 여우>에서는 툰드라에 순록 고기가 있다며 아내 미티와 아이들에게 숫돌, 골수 절단용 망치, 난로를 어깨에 둘러메고 가게 하지만 그곳에는 아무것도 없었다.

둘째, 다른 동물들과 종종 긴장 관계를 형성하는데 늑대와의 관계에서는 항상 우위를 차지한다. <쿠이킨냐쿠와 늑대의 신경전>에서 쿠이킨냐쿠는 사촌 형 늑대의 배 속으로 들어가 늑대 형을 죽이고 형을 찾으러 온 늑대의 막냇동생 타야트히트와 친구들뿐 아니라 다른 늑대들까지 모두 죽인다. 하지만 쿠이킨냐쿠와 여우의 관계는 늘 팽팽하다. <쿠이킨냐쿠와 여우>에서 쿠이킨냐쿠는 여우 차추차나부트가 잡은 물고기를 통에서 꺼내 모래사장에 숨겨 넣고 통에는 나무토막을 집어넣어 여우를 골탕 먹인다. <바다표범 기름을 찾아 헤매는 쿠이킨냐쿠>에서 쿠이킨냐쿠는 번번이 여우 차추차나부트에게 속아 바다표범 기름을 빼앗긴다.

셋째, 용감하고 힘이 세며 궁지에 몰린 다른 동물에게 선뜻 도움의 손길을 내민다. <곰을 잡은 쿠이킨냐쿠>에서 쿠이킨냐쿠는 민쿠신과 엄마가 곰에게 잡아먹힐 위기에 처하자 곰이 잠든 틈을 이용해 곰을 창으로 죽이고 민쿠신과 엄마에게 평화를 선물한다.

무명의 까마귀 이야기는 쿠이킨냐쿠 이야기의 연장선이다. 이야기 속 까마귀는 변신술에 능하며 심술궂고 괴팍하지만 겁이 많고 다른 동물들의 말을 철석같이 믿을 만큼 순진하다. <까마귀와 늑대>에서 까마귀는 늑대가 가는 길에 고기로 변신해 누워 있고 아무것도 모르는 늑대가 고기를 보자마자 얼른 달려들어 먹어 치운다. 늑대의 배 속에 들어간 까마귀는 늑대의 위와 장을 쉼 없이 물어뜯어서 늑대를 죽음에 이르게 한다. 하지만 늑대 막냇동생이 형들을 찾으러 오자 까마귀는 놀라 숨어 버린다.

<까마귀와 새끼 쥐들>에서 쿠이킨냐쿠는 새끼 쥐들의 바다표범을 빼앗고 새끼 쥐들의 집을 솥으로 부수려 할 만큼 고약하고 심술궂지만 새끼 쥐들의 장난에 속아 결혼을 결심해 아내 미티의 웃음을 살 만큼 순진하다.

마법-모험담은 동물 이야기, 악령 이야기, 영웅 이야기, 샤먼 이야기, 전쟁 이야기로 나뉜다. 동물 이야기에서는 곰

이야기가 가장 중요한 위치를 차지하는데 주요 모티프는 인간에 대한 곰의 선행, 곰과 인간의 결혼, 곰과 인간 사이에 아들의 탄생 등이다. ＜곰의 아들 카이니빌류＞에서 툰드라에서 심한 눈보라를 만난 사냥꾼은 발을 잘못 내딛는 바람에 곰 굴에 떨어진다. 그곳에서 겨울을 나게 된 사냥꾼은 암곰이 입술에 발을 대어 주면서 허기를 벗어난다. 겨울잠에서 깨어난 사냥꾼과 암곰은 결혼을 하고 곰을 닮아 힘이 세고 포악하지만 인간을 닮아 인정스러운 아들 카이니빌류를 낳는다. ＜곰 굴에서 겨울잠을 잔 목동＞에서 눈보라를 만나 길을 잃고 헤매던 목동은 곰 굴에 들어가 겨울을 나면서 목숨을 구하고 곰의 넓적다리 살을 받아 들고 집으로 돌아온다.

＜게으름 때문에 약혼자를 잃은 레라＞에서 티니예네부트는 툰드라에 열매를 따러 갔다가 곰과 결혼해 아이를 낳고 곰이 멋진 남자로 변하면서 행복한 결혼 생활을 하게 된다.

악령 이야기 속 악령은 허풍스럽고 아둔하며 우스꽝스럽다. 사람을 잡아먹으려 하지만 결국 동물의 도움, 주술적 능력, 지혜를 앞세운 주인공에게 죽임을 당한다. ＜아버지 대신 악령에게 잡혀간 남매＞에서 악령은 남매를 죽이기 위해 여동생을 자기편으로 만들지만 늑대, 곰, 여우의 도움을 받은 오빠에게 죽음을 당한다. <다섯 자매>에서 큰언니가 악령이 된 사실을 알아차린 막냇동생은 주술 의식을 통해 모닥불 안으로 들어가 칼을 든 노인으로 변해 큰언니를 죽이고 세 언니를 죽음의 위기에서 구한다. 또 <악령을 죽인 고아 소년>에서 소년은 악령과의 숨바꼭질 놀이에서 지혜를 발휘해 악령을 이기면서 악령을 죽음에 이르게 한다. <악령을 죽인 예멤쿠트의 아들>에서 악령 닌비트의 먹이가 된 예멤쿠트의 아들은 닌비트의 배 속에 들어가서 배를 손톱으로 긁어 악령을 죽음에 이르게 한다.

영웅 이야기는 세 가지 유형으로 나뉘는데 첫 번째 유형의 주요 모티프는 '가난', '부자의 딸과 결혼', '가난에서 벗어남'으로 주인공은 가난하지만 지혜, 힘, 민첩함으로 행복을 쟁취한다. <영리하고 기민한 빅사>에서 아주 가난하고 힘도 세지 않았지만 매우 영리하고 민첩한 주인공 빅사는 부자의 요구대로 마을에 위협적인 거인 두 명과 난폭한 소를 죽이면서 부자의 딸을 아내로 맞이한다. <지혜로운 바보 오요>에서 오요는 일곱 형제의 막내인데 사람들은 오요를 우둔하고 어리석은 바보 천치라고 생각한다. 하지만 오요는 형들이 아내를 구하러 옆 마을에 갈 때 같이 따라가서 격투기, 달리기, 뜀뛰기 경기에서 마을의 무사들을 모두 물리친다. 이후 오요와 형들은 마을의 아가씨들과 결혼을 하고 많은 지참금까지 받으면서 부자가 된다.

두 번째 유형의 주요 모티프는 '복수'다. <리니날필리나의 복수>에서 막내 여동생 킬리프나우트는 원수 집안의 청년과 결혼하기 위해 큰오빠 리니날필리나와 둘째 오빠를 죽인다. 하지만 리니날필리나는 목숨을 건졌고 이후 상처를 치료하고 힘을 길러 여동생을 극형에 처하고 조카들도 죽인 뒤 여동생 집의 일꾼과 순록의 반을 가져오면서 여동생의 악행에 대한 복수를 완수한다.

세 번째 유형의 주요 모티프는 '주인공의 지혜와 힘', '위기 상황 극복'이다. <기억을 잃고 툰드라를 헤맨 인탈라트>에서 인탈라트는 기억력과 판단력을 잃고 5년 동안 툰드라를 헤맸지만 결국 다시 기억력과 판단력을 회복하고 살아서 집으로 돌아온다. <날렵한 미비트>에서는 추바인들이 미비트를 죽이려고 했지만 미비트의 날렵함에 놀라서 결국 포기하고 돌아간다. <무사 자매>에서 무사 자매는 고래 고기를 놓고 마을 사람들에게 포악한 행동을 하는 카흐탄 마을의 무사 형제를 힘겨루기에서 이기면서 고래로부터 쫓아내고 마을 사람들에게 고래 고기를 나누어 준다.

<부자와 가난한 형제의 지혜 겨루기>에서 너무 가난해서 도저히 살아갈 수가 없었던 형제가 부자에게 품을 팔러 간다. 부자는 품삯을 주지 않으려고 형제들에게 먼저 화

를 내는 사람이 화를 내지 않은 사람에게 순록을 주자는 제안을 한다. 형은 먼저 화를 냈고 순록을 줄 수가 없어서 가을까지 부자의 집에서 무료로 일을 한다. 하지만 동생이 부자를 찾아가 지혜를 발휘해 부자를 이기고 순록 1000마리를 가지고 집으로 돌아온다.

샤먼 이야기에서 샤먼들은 초인간적, 초자연적인 능력을 갖추고 있다. <쿳킨냐쿠와 샤먼들>에서 샤먼들은 인간의 병을 치료하는 데 탁월한 능력을 가지고 있다. 샤먼들이 잠에서 깨어나지 않는 쿳킨냐쿠의 딸에게 주술 의식을 해 딸에게 침범한 악령을 물리치면서 딸은 건강을 되찾는다. <늑대에게 납치된 딸을 찾아온 샤먼 키트나>에서 샤먼 키트나는 어릴 때 딸 랄리나부트를 잃어버린다. 6년이 지난 뒤 샤먼 의식을 통해 늑대들이 딸을 훔쳐 북쪽 탈카프 마을로 도망친 사실을 알게 된다. 샤먼 키트나는 늑대로 변신해 탈카프 마을까지 가서 딸을 늑대 무리로부터 찾아온다.

전쟁 이야기는 코랴크인과 축치인의 전투, 코랴크인과 이웃 민족의 전투 등 과거 실제로 있었던 사건을 다룬다. 이야기에서 주인공은 항상 적들 중 한 명을 살려 보내 적들을 교화시킨다. <임카의 아들 피니난>에서 임카는 적들과의 싸움에서 목숨을 잃고 임카의 아들 피니난은 힘을 기른다. 어느 날 피니난은 적들과의 전투에서 적들을 가볍게 죽이는데 한 명만은 그대로 돌려보내 자신의 강인함을 적들에게 알리게 하고 적들은 피니난의 마을에 대한 공격을 멈춘다. <해안 코략크인과 툰드라 코략크인의 화해>는 코략크인 그룹 간의 불화와 화해 과정 그리고 코략크인과 축치인의 전투를 다룬다. 툰드라 코략크인 청년이 해안 코략크인 아가씨와 결혼을 하면서 해안 코략크인과 툰드라 코략크인은 화해한다. 이후 힘을 합쳐 툰드라 코략크인의 순록을 빼앗아 간 축치인과 전투를 해 순록을 모두 찾아온다. <탄기들을 교화한 사냥꾼>에서 코략크인 사냥꾼이 사냥을 나갔다가 탄기 세 명과 마주친다. 사냥꾼은 탄기 두 명은 죽이고 한 명을 돌려보내면서 다른 탄기들에게 코략크인에 대한 약탈과 공격을 멈출 것을 요구한다. 이런 일이 반복되면서 탄기들은 더 이상 코략크인을 공격하지 않게 된다.

## 코략크인의 현재 상황

코략크인은 캄차카반도의 토착 민족으로 2010년 러시아 연방공화국 인구조사에 의하면 캄차카주, 마가단주, 추콧카 자치구에 약 9000명이 생존해 있다. 주로 러시아어를 사용하며 코략크어 사용자는 약 2000명, 알류토르어 사용자는

1000명이다. 코랴크어는 언어 계통상 고아시아 제어(諸語)에 속한다.

코랴크인은 오래전부터 축치족, 유카기르족, 예벤키족, 예벤족, 러시아인 등과 인접해서 생활했다. 코랴크인과 축치족 및 러시아인의 경계는 아나디르강이다. 코랴크인은 아나디르강 북쪽, 축치족은 아나디르강 남쪽에는 거주하지 않는다. 축치인은 주로 추콧카만에 거주하는데 과거에는 종종 이 경계를 넘어 코랴크인을 공격해 코랴크인을 죽이거나 포로로 잡아갔다. 1930년에 코랴크 민족 자치 지구가 제정되었고 현재 코랴크 자치구로 재조성되었다. 코랴크 자치구에는 티길(Тигиль), 펜진(Пенжин), 올류토르(Олютор), 카라긴(Карагин) 네 개 지역이 포함된다.

## 코랴크인의 분류

코랴크인은 툰드라에서 순록을 사육하면서 유목 생활을 하는 코랴크인(이하 툰드라 코랴크인)과 해안에서 정착 생활을 하는 코랴크인(해안 코랴크인)으로 나뉜다. 툰드라 코랴크인은 북아시아 대륙에 맞닿아 있는 캄차카 대륙의 캄차카 지협에서부터 콜림강 좌측 지류 상류에 주로 거주한다.

코랴크어를 사용하고 문화적으로 단일하며 지역에 따라 카멘, 파렌, 잇킨, 아푸킨 그룹으로 나뉜다. 해안 코랴크인은 문화적으로 다양하며 캄차카 동부와 서부 해안 지역, 오호츠크해의 펜진만과 타이고노스반도에 주로 거주하는데 지역에 따라 팔란, 카라긴, 알류토르 그룹으로 나뉜다. 알류토르어를 사용하기 때문에 가끔은 알류토르인에 포함되기도 한다. 코랴크인은 전반적으로 키가 작고 야위었으며 머리는 약간 길고 쐐기 모양이다. 눈은 가늘고 작고 눈썹은 처졌으며 코는 짧지만 편평하지는 않고 입은 크다.

## 코랴크인을 부르는 명칭

17세기 이전 과거 캄차카 지역의 소수 종족 중 코랴크인만이 공통의 종족명이 없었다. 코랴크라는 종족명은 러시아인이 등장한 17세기부터 본격적으로 기록이나 문헌에서 사용되기 시작했다. 코랴크란 단어를 처음으로 사용한 종족이나 그 의미에 대해서는 알려진 바가 없지만 '순록의 가진 사람'으로 추정한다. 툰드라 코랴크인은 찹추벤(чавчувен), 차우추(чаучу)라고 불리며 해안 코랴크인은 나밀란(намылан), 니밀란(нимылан), 니밀리우(нимылиу)라고 불린다.

## 코랴크인의 자연환경과 경제 활동

코랴크인의 주된 경제 활동은 순록 사육이다. 순록 사육 방식을 개조하려는 러시아인의 끊임없는 문명화 정책에도 코랴크인의 순록 사육 방법과 특징은 과거의 생태적, 자연 친화적 모습을 그대로 유지하고 있다.

물론 어로나 사냥에도 종사하지만 보조적인 생산 활동이다. 모피 동물의 경우 개체 수가 급속하게 감소하면서 코랴크인의 경제 활동에서 비중이 아주 미미해졌다. 어로와 바다 동물 사냥은 여름에만 가능하기 때문에 주민들은 긴 겨울을 위해 여름에 사냥해 비축해 둔다.

코랴크인은 농경에는 종사할 수가 없다. 영토의 대부분이 늪지대며 곡초류가 자라기에는 기온이 지나치게 낮다. 대부분의 지역에서 영하로 내려가지 않는 날은 78일에 불과해 곡식이 영글 수 있는 기간이 심각하게 부족하기 때문에 곡초류가 싹을 틔울 수가 없고 싹을 틔운다 하더라도 온도가 영상으로 올라가지 않는 한 중간에 멈춘다.

코랴크인의 거주지에는 풀이 부족하고 이끼와 늪으로 덮인 공간이 넓게 펼쳐져 있기 때문에 가축 사육도 불가능하다. 러시아 정부는 캄차카와 오호츠크 해안 지역의 코랴크인을 중심으로 가축 사육을 발전시키려고 노력했지만 자연환경상 불가능했다.

## 코랴크인의 전통 가옥

코랴크인의 전통 가옥은 이동식 가옥인 야란가(яранга)인데 높이는 3.5~4.7미터, 직경은 5.7~7.8미터다. 골조는 가벼운 나무 장대로 만들고 그 위에 순록이나 해마 가죽을 덮는다. 야란가를 만드는 데는 평균 50장의 동물 가죽이 필요하다. 야란가 내부는 커튼을 사이에 두고 침실 이오론구(иоронгу)와 창고로 나뉜다. 침실은 야란가에서 가장 따뜻한 곳으로 한겨울에도 옷을 입지 않고도 잘 수 있다. 침실은 문 맞은편 벽에 정방형으로 설치하며 사방을 순록 가죽으로 덮고 바닥에는 바다표범 가죽을 깐다. 과거에는 모든 가족이 그곳에서 함께 생활했으며 바다표범 기름을 이용해 등잔을 밝혔다.

야란가 외 코랴크인은 통나무로 반(半)움집을 지었다. 움집에는 위아래로 입구 두 개가 있는데 위쪽 입구는 겨울용이며 굴뚝의 역할을 동시에 수행하고 아래쪽 입구는 여름용으로 덮개를 통해 내부로 연결된다. 아래쪽 입구는 집이 눈에 덮이기 전까지 이용한다. 위쪽 입구는 집의 많은 부분이 눈으로 덮일 만큼 눈이 높이 쌓이면 이용하기 시작한다.

## 코랴크인의 전통 신앙

코랴크인의 전통 신앙은 애미니즘이다. 코랴크인은 동물뿐 아니라 하늘, 바다, 산 등 주변의 모든 사물에 생명이 있다고 믿는다. 모든 마을에는 아파펠(аппапель)이라는 성소(聖所)가 있는데 그곳에 제물로 순록, 드물게는 개와 바다 동물을 바치며 축원을 한다.

# 옮 긴 이 에 대 해

엄순천은 러시아어학 박사다. 현재 성공회대 외래교수로 재직 중이며 시베리아 소수민족 언어 및 문화에 관심을 가지고 연구 중이다. 저서로 ≪잊혀져가는 흔적을 찾아서: 퉁구스족(에벤키족) 씨족명 및 문화 연구≫(2016), 역서로 ≪북아시아설화집 3: 나가이바크족, 바시키르족, 쇼르족, 코미족, 텔레우트족≫(2015), ≪예벤키인 이야기≫(2017) 등이 있다. 연구 논문으로는 <중국 문헌 속 북방지역 소수종족과 퉁구스족과의 관계 규명: 순록 관련 기록을 중심>(2018), <에벤키족 음식문화의 특성 분석 - 인문지형학, 인문경제학, 민속학적 관점에서>(2017) 등이 있다.

문학

한국 ≪포의교집≫ 외

중국 ≪서상기≫ 외

일본 ≪바다에서 사는 사람들≫ 외

아시아 ≪물고기 뼈≫ 외

고대 그리스 ≪히폴리투스≫ 외

영국/미국 ≪빨래≫ 외

독일 ≪길쌈쟁이들≫ 외

프랑스 ≪홍당무≫ 외

스페인 ≪위대한 술탄 왕비≫ 외

러시아 ≪유리 나기빈 단편집≫ 외

유럽 ≪로칸디에라≫ 외

아프리카 ≪아딜리와 형들≫ 외

중남미 ≪네루다 시선≫ 외

퀘벡 ≪매달린 집≫ 외

예술

미술 ≪예술에 관한 판타지≫ 외

연극 ≪풍자화전≫ 외

## 한국문학선집

한국문학의 어제와 오늘을 총정리하는 사상 초유의 기획

초판본 한국소설문학선집
한국 근현대문학 120년, 대표 작가 120명의 작품집 101권

초판본 한국시문학선집
한국 근현대문학 120년, 작고 시인 101명의 작품집 99권

한국문학평론선집
한국 대표 문학평론가 50인의 평론집 50권

한국수필문학선집
한국 대표 수필가 50인의 수필집 50권

한국희곡선집
문학성과 공연성이 입증된 한국 대표 희곡 100권

한국 대표 시인의 육필시집
한국 시단을 주도하는 시인들이 직접 쓴 시집 80권

한국동화문학선집
한국 아동문학사에 기록될 동화작가 120명의 작품집 100권

한국동시문학선집
한국 동시의 역사이자 좌표, 동시작가 111명의 작품집 100권

## 단행본

≪고려 후기 한문학과 지식인≫ 외